青花

清三代

QINGSANDAI QINGHUA GAIGUAN

盖罐

◎

陶仕安 著

浙江大学出版社
ZHEJIANG UNIVERSITY PRESS

清三代三朝皇帝的朝服像

康熙帝（1662—1722 年）

雍正帝（1723—1735 年）

乾隆帝（1736—1795 年）

曠世名瓷清三代
魅力青花蓋與罐

仕安先生專著再版

丁亥秋劉江書賀

刘江先生题字
『旷世名瓷清三代、魅力青花盖与罐』

形神俱备
观用双全

张浦生题
2004. 10. 8 於杭州

张浦生先生题字

作者陶仕安（左）与张浦生先生合影

序

    随着我国经济持续地高速发展，人民收入不断提高，投资与消费是人们改善生活质量的首选模式，收藏就是其中的一大热门——盛世收藏。收藏古玩的旨趣就在于鉴赏与研究，最终将鉴识经验共赏，从中获得愉悦，陶仕安先生就是其中一个。他出生于1963年，1989年毕业于浙江工程学院，是从事家用电器研究的一位工程师。他在本职工作岗位上已取得了一定的成就，业绩编入在《中国专家人名辞典》中。他业余时间酷爱瓷器收藏与研究，是杭州市收藏协会副会长，他知识广博，有一定的文化底蕴，为人谦虚敦厚，做任何事情都认真，多年来他虚心请教、潜心研究、刻苦钻研，编撰了这本《清三代青花盖罐》一书。书中介绍了清三代盖罐195个以及部分圆盖等，实样丰富、评论详细、图文并茂，值得一读。

    古陶瓷在中国已有千年的历史，每个学者和爱好者都不可能样样精通、面面俱到。陶仕安先生对清代"康熙、雍正、乾隆"三朝的青花瓷中的"罐"和"盖"情有独钟。这三朝正是繁荣富强的"康乾盛世"时期，当时的瓷器质量达到我国瓷业史上的顶峰，器物无论是胎质釉料、青花发色、造型纹饰都久负盛名，显示出高贵成熟、至善至美的境界。青花盖罐是三朝瓷器中的一个品种，它虽然没有瓶、尊、觚等陈设瓷高贵受宠，由于在中国文化中"官"与"罐"为谐音，在清代青花盖罐又有"清官"的寓意在其中，故而它成为当时极受人们喜欢的一种日用、陈设两用器物，成了兴旺门庭的吉祥物。青花盖罐目前还未受到收藏爱好者的重视，在市场上还能经常碰到它，价格不算太高，有一定收藏潜力。因收藏者队伍的扩大，供求矛盾突出，瓷器真品减少，由于利益的驱动，市场上赝品层出不穷，鱼目混珠，有时一不小心就会上当受骗，给收藏爱好者带来损失，所以收藏爱好者要学会对器物鉴定。

    此书比较系统地介绍了清三代青花盖罐全貌。文章中也不乏独特见解，如用表格汇总形式介绍清三代青花盖罐的胎釉、青花、底足、器形、纹饰、款识等，通过清代传统制瓷工艺流程介绍，阐述清三代青花盖罐制瓷工艺，并对罐中的瓷、锡、金银、木圆盖整理研究，再用图片简单说明清三代盖罐器形演变示意过程，使收藏爱好者能够全方位认识和掌握清三代盖罐的相关知识，在收藏道路上少上当、少走弯路，能辨别真伪，整体上提高瓷器的鉴定水平，从中感受到中国瓷器文化的博大精深。

浙江省收藏协会秘书长 贺善达

2004 年 10 月 18 日

一：杭州市收藏协会由杭州地区广大的收藏爱好者、收藏家、收藏组织等自愿组成的综合性民间收藏社会团体，欢迎大家来电、来函进行交流等。电话：0571－85787061，88226526，E-mail：taoshian@21cn.com，hzscxh2007@163.com。

二：作者是杭州市收藏协会副会长，这几年他参观、考察国外各大博物馆，馆内存放大多数是清三代景德镇烧制青花、五彩等外销瓷，其中盖罐都整理编辑在再版书中。

① 作者在美国(华盛顿)国家艺术馆

② 作者在土耳其（伊斯坦布尔）托布卡皮宫博物馆（Topkapisarayi）

③ 作者在欧洲（荷兰）阿姆特丹RIJKS博物馆

④ 作者与清三代青花盖罐

　　两年前《清三代青花盖罐》一书的出版，得到了读者和专家的好评，前版六千册书发行后现已售完。再版工作中上海硅盐酸研究所陈尧成教授写信给我说"如能将文物考古与制瓷工艺相结合手法写清三代青花盖罐，则内容更加精彩，"此话对我的帮助和启示很大，但我仅仅是一个瓷器的爱好者，通过收藏后而研究盖罐，不是该专业的人士，也不熟悉制瓷工艺，而目前发行的瓷器类收藏图书中把器物介绍与制瓷工艺编辑在一起是极少数的。这种情况，迫使我几次去景德镇古窑遗址等实地调查，向陶瓷艺人请教盖罐的制造工艺，又到图书馆查阅资料等，当我深入探究下去后才发现，这是一门文化艺术宝库，可谓博大精深，值得我们去挖掘研究。于是我把自己学到的机械制造专业与传统手工制瓷工艺结合起来编写清三代青花盖罐的制瓷工艺，又投入了大量的精力去整理搜集清三代青花盖罐图片与资料，经过一年多修订才完成再版工作。再版书中保留了前版书中的主体框架和精华部分，主要在第五、六章节中增加清三代青花盖罐的款式和制瓷工艺，在第一、二、三章节中补充增加了国内、国外（欧洲、中东）等地博物馆、拍卖公司以及本人和藏友的盖罐藏品，如编录了福州市博物馆收藏的"碗礁一号"沉船中数十只康熙年民窑精品盖罐等，重点介绍第一章康熙中、晚期青花盖罐民窑中的精品，对第七章清三代青花圆盖进行改动和调整，增加故宫博物院收藏的金银圆盖。再版工作得到贺善达、郭志翔老师的指教，以及浙大出版社和编辑的大力支持，将开本从以前版书32开扩大至再版书16开，并放大图片和增加内容使读者对清三代青花盖罐艺术欣赏更加舒畅，从中领略到盖罐之美。再版书中因篇幅有限，如制瓷各工序操作过程中无插图，还有书中介绍盖罐90％以上是景德镇窑系生产的，没有系统收集介绍其他地方大窑场的清三代青花盖罐，这是比较遗憾的事。再版时西泠印社副社长刘江先生为我题字，我深表感谢，再版出书后希望读者和专家以函件等方式对我提出更高要求，有机会的话我会在自己人生中通过几次再版补充、修订、完善这方面工作，给同行及后人留下一点点有价值的资料，使读者在这方面能够从中获得一点帮助。因为近几年收藏热迅猛发展，使艺术品重头戏（元、明、清）青花瓷罐，在拍卖场中屡创新高，每年前十五名瓷器成交最高价中都有（元、明）青花罐，特别是2005年伦敦佳士得拍卖会上，一件元青花鬼谷子下山纹罐拍出1568万英镑（约2.3亿人民币），创下历来亚洲艺术品拍卖的最高成交价世界纪录，足以看出人们对瓷罐的喜爱和重视程度，而清三代的各类文物艺术品现在已成为人们关注的焦点和追捧的目标，清三代青花盖罐目前还收藏得到，价格不是很高，但艺术价值不低，所以值得我们去收藏、研究和关注。

写于杭州2007年2月14日

目录

〉〉〉〉〉

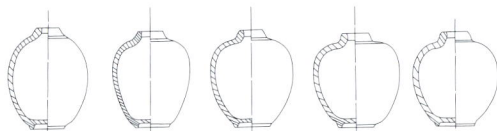

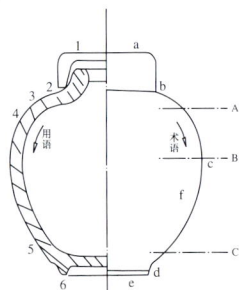

　　自从人类发明了陶器，就开始制造陶罐，罐是陶瓷器中数量最多、延用时间最长的一种器物。商周时期中国人开始烧制原始青瓷罐，东汉以后开始流行瓷罐，当时各地窑场普遍烧造青釉或黑釉罐，经过唐、宋、元、明各朝制瓷业的发展，瓷罐器形十分丰富多样，有盖罐、双系或四系罐、多角罐、兽耳罐等，造型古朴，装饰简朴，釉色有青、白、黑、三彩、珐花、青花、釉里红、及其他釉上、釉下彩等，主要用作盛贮器等日常用具，还有的用作随葬冥器，亦有用作法器或装饰物等。清朝是瓷罐发展的辉煌阶段，特别是康熙、雍正、乾隆三朝（1662—1795年）100多年间的清代盛世，是景德镇的制瓷业发展到高峰阶段，清人陈浏曾赞誉说：“世界之瓷，以吾华为最，吾华之瓷，以康雍为最。”清三代青花瓷器以其胎釉精细、青花艳丽、造型端庄、纹饰优雅而久负盛名。瓷罐是其中一种陶瓷器物，主要是用于存放茶叶、糖盐、药材、酒水等物品，器物通体表面釉层覆盖，使其不至于受存放物品的侵蚀，有防光照、不串异味等功效，瓷罐的种类有很多，有将军罐、莲子罐、粥罐、鼓罐、日月罐、鸟食罐、盖罐等，本书介绍的青花盖罐是一种叫“球腹盖罐”、“瓜形盖罐”，俗称“扣罐”或“人头罐”，简称“盖罐”，又叫“瓷瓶”，是最普通的日用器之一。清三代青花盖罐造型都为敛／直口短颈，溜肩圆腹，弧腹下渐收至底足，内凹圈足，口缘足沿部露胎无釉，整个弧线自然规整，通体内外面施釉匀净，表面用青花绘装饰纹，附直壁平顶圆盖（多数），套在罐口上，使存放物品密闭严实。用钴矿物颜料在瓷胎上绘画图案，再罩上一层透明釉，入窑以1300℃左右高温一次烧成，在瓷器表面呈现出美丽的蓝色，习惯上称其为

"青花"，青花纹饰呈素雅明净、清晰华美的艺术效果，因这种工艺纹饰在釉层下面，故称"釉下彩青花"。青花盖罐广泛流行于清代康、雍、乾三朝，又称"清前三代"、"盛世"，简称"清三代"，从清中、末及民国至今都生产这种器物，它的功能没有多大变化，但其胎釉、纹饰、器形、工艺与艺术性都不及清三代青花盖罐。原先人们认为盖罐是日用器物，不能登大雅之堂，随着社会全面发展进步，盛世收藏热兴起，当今它的价值日益受到广泛重视，价格每年以20％左右的速度递增，而数量则逐年减少，但与陈设瓷如瓶、尊等瓷器的价格比较，目前青花盖罐的市场价位还是偏低的。在清代因罐与官谐音，且盖罐器形饱满，纹饰秀雅，工艺细致，既有储存器的实用性，又富有观赏器与吉祥物完美结合的价值，形成一种高雅又朴实的器物，给人们带来一种意蕴深厚的美感，颇受人们喜爱。近几年来我专题收藏和研究清三代青花盖罐，通过对盖罐器物的胎质、釉料、青花、器形、重量、纹饰、内腹、款识、工艺特征等探究，发现青花盖罐具有它独特的魅力和深厚的文化内涵，我把这些经验汇集成此书，供瓷器爱好者断代鉴赏和了解制瓷工艺。书中介绍的清三代青花盖罐都是景德镇窑系生产，以民窑精品器物为主，还有部分官窑器物和民窑普通器物，根据它的朝代、存世量、胎釉、造型、纹饰等而定价格，从几百元至几十万元之间，书中所收集的青花盖罐来自国内外各大博物馆、文物公司、拍卖公司、专类书刊、藏友和本人藏品等，先介绍各朝代时期罐和盖的特征，再详细阐述清三代盖罐的制瓷工艺等，这样能够比较全面、系统地反映清三代青花盖罐的全貌。古陶瓷专家、南京博物院研究员、国家文物鉴定委员会委员张浦生教授，在我出书前详细审稿，提出建议，并欣然命笔题字，我表示衷心的感谢。由于笔者才疏学浅，工作繁忙，难免差错，不妥之处，还望读者、专家来电、来信多多指教，谢谢大家赏阅。

2004 年 8 月 5 日

　　清代前期和中期，从整个社会来说，是处于封建制度衰落和资本主义因素发展的时期，清代康熙、雍正、乾隆三朝（1662—1795年）的一百多年间，简称"清三代"，是中国封建社会最后一个盛世，所以"清三代"史学家又称"盛世"。清三代清王朝政权巩固，社会经济的复苏和繁荣，海外瓷器贸易发展，国内瓷器市场的需求，三代帝王爱好和重视，并派督窑官前往管理和监督，同时实行"官搭民烧"的政策，废除"匠籍"制度，解放了社会生产力，加上我国瓷器生产经过前几朝的长期锤炼与积累，到了清三代景德镇制瓷业生产达到空前繁荣的景象，使制瓷业臻于鼎盛。清三代制瓷业生产以青花瓷为主流产品，康熙和乾隆朝是清代青花瓷生产的高峰时期，雍正朝追逐其后，也是继明代永、宣青花之后，我国青花瓷器又一黄金时代，"康雍乾盛世"是中国陶瓷史上的第三个高峰，清三代瓷器又称"盛世瓷"，其美学特征如民国许之衡《饮流斋说瓷》云："至于康熙，殆如李杜，无美不臻，而波烂老成，纯乎天马行空，不可羁勒矣。若雍正颇似王龙标、岑嘉州、高华而清贵者也。若乾隆，则似元、白、温、李、极妃青骊白之能事，所谓千人皆爱，雅俗共赏者也。"清三代青花瓷体现出一种成熟美，官民窑器物在共同发展道路中相互影响，既有共同时代风格又各具有自身的特点，民窑青花盖罐表现为器形规整、胎细釉润、青花青翠、绘工简洁、纹饰豪放、雅俗共赏，有淳朴的艺术风格，特别是大量精美绝伦的康熙朝民窑青花盖罐精品，无论从胎釉纹饰等质量，还是加工工艺水平而言与同类的官窑器物质量都相差无几；而官窑青花盖罐表现为器形端庄、胎质细腻、釉面莹润、青花艳丽、绘工精细、纹饰典雅、具有极高的艺术成就，犹如唐诗，唐人之后诗尽矣，而三代之后，罐亦无足观矣。清三代青花盖罐中官窑器物和民窑精品器物代表着清代青花盖罐艺术的最高水准，康熙朝民窑精品青花盖罐质量最好，雍正朝官窑青花盖罐总体质量水平高于康熙朝官窑青花盖罐，而乾隆朝官窑青花盖罐质量不及康雍二朝官窑器物。康熙朝青花盖罐有壮伟阳刚的秀美，雍正朝青花盖罐有高雅隽秀的柔美，乾隆朝青花盖罐有规整俊秀的精美，雍乾二朝青花盖罐已失去康熙朝青花盖罐特有的刚健、质朴等风格，原创意识不及康熙朝，仿古之风盛行，乾隆朝瓷器比起康雍朝瓷器来讲没有重大突破，特别是纹饰类似欧洲罗可可式的繁缛富贵、矫揉造作等装饰风格，而这种装饰风格在清中期以后成为一种社会时尚，并直接影响到官民窑瓷器艺术风格的形式和发展，以前质朴和自然的风格不再是中国陶瓷艺术追求的主流了，这种审美追求的病态把中国陶瓷艺术的发展推向另一个方向，甚至可以说是对几千年中国文人审美思想的一种叛逆。留给后人的清三代盖罐，既反映了当时制瓷工艺技术的高超水平，又是中华民族灿烂文化的象征，是人类共享的艺术珍品，而瓷器中一幅幅幽倩素雅的青花装饰，无不包含着古人美好的寓意和吉祥的象征，体现着中华民族传统文化的博大精深。

康熙青花盖罐

　　清代康熙（1662—1722年），清圣祖玄烨是在中国历史上执政最长的一个皇帝，经顺治时期的过渡，到康熙时期政权渐趋巩固，社会长期稳定，经济上呈现出繁荣的景象，历史上逐步走向"康雍乾盛世"的局面。由于国外瓷器贸易需求增多，国内瓷器市场的日益扩大，使景德镇制瓷业得到迅速的发展，从清初恢复了御窑厂，皇帝亲自选派督陶官徐廷弼、臧应选、郎廷极等督理陶务，生产出官窑器物以精工质美而取胜，因继续实行"官搭民烧"政策，促进了民窑制瓷工艺技术的提高，民窑瓷业生产由平稳走向兴旺，生产出民窑器物以质朴清秀而取胜，达到清代民窑器物质量的最高水平。康熙朝官民窑是同步并举发展起来的，先恢复了历代瓷器的品种，又创新了各种类，主要有青花、五彩、三彩、斗彩、色釉、珐琅彩、粉彩等，而康熙青花是继明代永宣青花和成化、嘉靖青花之后又一青花制作的高潮。独树一帜的康熙青花盖罐从制瓷工艺上进行创新，以其胎质坚硬、胎釉精细、青花艳丽、造型挺拔、纹饰优美，精细粗犷并存、豪放工致兼有而久负盛名，特别是纹饰通过借喻等表现手法构成"一句古语一图案"，都遵循古训，使画面达到"有图必有意，有意必吉祥"的艺术效果，整个器物可用一个"硬"字予以高度概括，是古人创作之绝唱，形成了这一时期独特的时代风格。《陶雅》中说"康青虽不及明青之秾美者，亦可以独步本朝矣"，清《在园杂志》云"至国朝御窑一出，超越前代，其款式规模，造作精巧"。康熙朝历时61年，制瓷时间长，品种数量多，前后风格变化大，可分早、中、晚三个时期，这三期的青花盖罐所呈现出的胎釉、青花、纹饰、器形等具有较大的差异。早期是指康熙元年至十九年，由于受禁海令和遭受"三藩之乱"的影响，景德镇瓷业生产受到沉重打击，青花瓷生产不景气，但质量维持在明末的水平，器物留有明末清初的遗风，而此时日本在田地区烧制瓷器，他们生产的伊万里瓷器抢占欧洲等市场，都影响了景德镇的制瓷业的发展；中期是指康熙十九年至康熙四十年，社会稳定，海禁解除，国内市场需求，景德镇制瓷进入正常有序生产，并逐渐走向繁荣，特别是外销青花瓷以价廉物美投放到欧洲等市场，成为一枝独秀，进入制瓷业最成熟的高峰阶段；康熙四十年至康熙末年是晚期，景德镇瓷业生产进入繁荣兴盛期，达到清代制瓷业的顶峰阶段。康熙一朝的制瓷成就，无论从数量或质量上说，都居于清三代之首，其中康熙中晚期生产的青花盖罐代表清代青花盖罐艺术的最高水准，被称为青花瓷的黄金时代，在中国瓷器发展史上有相当重要的历史地位，为雍正、乾隆时期青花瓷器生产的繁荣奠定了基础，本书所收集的许多青花盖罐精品亦多出自这一时期。

康熙早期（青花盖罐）

　　康熙元年至十九年（1662—1680年），康熙早期青花瓷是处于青花转变期的后期，朝廷为了巩固政权，实行严厉的海禁，国外贸易受阻，加上这段时期国内政局不稳定，如康熙十三年遭吴三桂战乱，景德镇制瓷业受到严重破坏，官窑还没恢复生产很不景气，而民窑生产是在明末、清初转变期大发展的基础上进一步发展起来的，从未间断过只是停烧过一段时期，以生产青花瓷和五彩瓷为主，但烧造数量不是很多，景德镇形成官窑衰落，民窑平稳制瓷的格局，这时期民窑制瓷业恢复和发展，为康熙中晚期官民窑制瓷业繁荣打下了坚实的基础。由于复古思潮一直统治着官民窑瓷器的生产，这时期青花盖罐的胎釉、青花、底足、纹饰和造型等都没能摆脱明末清初的遗风，大多数民窑盖罐追求自然随意、豪放朴实的风格，传世的官窑盖罐并不多见。青花盖罐时代特征表现为胎质坚致，胎体厚重，成形规整，用青白釉（亮青釉）为主，釉面肥腴，有缩釉点，青花发色浓重，呈灰蓝或黑蓝色，造型挺拔硬朗，纹饰粗放和精细并存的风格。对封面上康熙朝早期"青花（开光）人物图罐"的民窑精品器物，笔者有三点要说明：(1)康熙朝民窑精品器物不是依官府的指令而制造的，而是为大众需求而生产的，康熙早期有部分技艺高超的陶工为了生计，在民窑作坊中制瓷工作，生产出一批无官窑款高质量的精美民窑器物，如封面上的青花盖罐，无论从胎釉、器形、纹饰等与官窑器质量相差无几，特别是胎体仍未能摆脱明末胎体厚重的特性，受明末莲子罐器形的遗风影响，造型修长挺拔规整，线条挺直流畅，弧线中带直线，给人感觉是向上、硬朗、富有阳刚气势。康熙叶梦珠在《阅世编》中写道："至康熙初，窑器突然精美"，这种"精美"的瓷器就是当时民窑中精品器物。(2)明末清初学术界曾兴起经世致用的思潮，康熙帝决定以儒家中程朱理学为其正统的学术思想，康熙早朝器物纹饰上同样也表现儒家忠君思想的观念，如《三国演义》、《岳飞传》、《邯郸记》、《昭君出塞》等故事情节，这种图案大多是"忠君"、"理想"等场面，人物众多，气势恢宏，动作精彩，称为"刀马人纹"或"人物故事图"，封面上青花盖罐中图案，首先纹饰所表现的题材达到了前所未有的丰富，其次绘画手法上有所创新，笔触酣畅画意生动，打破了官窑成规的限制，寄托一种文人愿望，倍受人们喜爱。(3)民窑器物一般不书年款，这和当时禁书年号的规定有关，康熙朝仿明代瓷器，书写明代的款字是当时一种时尚，所以说康熙朝民窑精品青花盖罐代表清代青花盖罐艺术的最高水准，与官窑器相媲美，有些甚至更胜一筹。

表1 康熙早期青花盖罐的特征

胎体	继承了明末清初的特性，胎土细腻，胎骨有坚细，也有较粗的，胎色不很洁白、偏灰暗，胎质坚致，胎壁偏厚、厚薄不均匀，胎体厚重，手感很沉重，瓷化程度好，制修胎成形规整，多数是民窑器物。
釉料／釉面	釉料纯净，釉质细腻，以青白釉（亮青釉）为主，釉层较厚、温润、深沉，釉色有灰白、卵青、青白、亮青色等，有白中泛青，还有混浊泛青，釉面匀净肥润，有缩釉点和小棕眼，胎釉结合大多数紧密的。少部分用粉白釉，釉面细润色白，有的器物器身、器底和腹内部釉色不一致，通体内外部表面罩有一层青白釉（亮青釉）、粉白釉等中一种。
青花	用国产的石子青料或浙料等，因青料炼制不纯，烧成时温度和气氛没掌握好，青花发色没到位，青花呈灰蓝色或黑蓝色，色泽浓重、深沉、灰暗等，有迷混、朦胧的感觉，与顺治青花特征很相似。接近中期时青花发色逐渐变成纯净清丽，画面有层次感，如呈青蓝色、青翠色等，部分青花的画面中呈指捺般水印纹。
底足／口沿	口缘足沿部露胎无施釉，部分器物上口缘特高，露胎处胎体有细腻、也有粗糙的，口缘足沿部少数器物有窑砂、白灰等垫烧物粘连，见有火石窑红。底部是内凹圈足，制修底部面规整，圈足两面内外斜削为楔形，呈尖削状或平削状，也有呈圆润的"泥鳅背"状，底部面釉层薄，有细密的旋削纹、缩釉点、放射状跳刀痕等现象，也有部分底部面是平（砂）底，露胎无施釉，极少部分器物的口缘外施釉，内口缘部刮釉等。
器形	留有明末清初遗风，即有仿明末莲子罐的器形，也有仿清初顺治朝丰肩、鼓腹的盖罐器形，大多数是本期创新的器形。器形：质朴、敦实、规整、端庄、饱满、圆实、挺拔等，盖罐多数器形为敛口、溜肩、（长）圆腹、腹下渐收至底足、内凹圈足或平（砂）底，造型质朴规整，饱满端庄，线条流畅，有挺拔硬朗的阳刚之美。
纹饰／技法	受明代影响，较多保留了顺治青花绘画遗风，饰纹有豪放粗犷，也有精细工致，图案板滞，苍劲浑古，线条流畅，为布满器身，顶天立地的风格。在绘画技法上以单线平涂（先勾勒再平涂或填色）等技法描绘为主，少部分也用分水渲染、披麻皴等技法兼用描绘，用色较浓重，画风自然生动，题材方面世俗生活，山村小景等，充满了浓郁的生活气息和乡土风味。装饰纹：人物、动物、山水、花卉、博古、吉语等画面，以人物故事纹或描写武士的刀马人纹为最精彩名贵。 注：勾勒是我国传统的绘画技法，一般用笔以顺势为勾，以逆势为勒。
成形（镶接）	中、大类罐采用上、下分段拉坯，再啮合镶接利坯等方法制作成形胎体，因镶接工艺不成熟，腹内部修坯较简单，部分有连接痕印明显，但印迹平滑规整，也有部分连接痕印肉眼不易察觉，只有用手抚摸连接处才能感觉到明显的接缝存在，多数中、小类罐使用整体拉坯方式制作成形胎体，腹部内无接痕现象。大部分腹部内见有刮／旋胎痕的纹路、鸡爪纹，还有缩釉产生小棕眼。
款识	双圈、图记、堂名、仿明寄托（大明成化年制等）、干支、年号、天字款等，款识以楷书为主，民窑款书写随意，字体规整，官窑款字体端正、宽肥、有力，具有晚明款的遗风。

注：明代青花瓷上施有一种青白釉，釉面厚润，有玻璃质感，呈白中闪（泛）青或灰中闪青的亮青色，俗称"亮青釉"，这种釉料贯穿于整个明代的始末。清三代青花盖罐施青白釉居多，呈青白、亮青色等，但有一种呈白中微闪青或青中（微）闪淡绿，如嫩竹一般的硬亮青色，它的釉层薄坚硬，有坚披贴骨的光亮感，为了区别明代的"亮青釉"，被称为"硬亮青釉"，该釉料从康熙朝中期开始出现使用，至乾隆朝晚期消失。

康熙　青花动物、山水、花鸟纹（五谷）小罐／早期／北京市文物研究所藏
A：高：17.2cm，口径：4.0cm，底径：5.6cm
B：高：17.7cm，口径：4.0cm，底径：5.6cm
C：高：17.0cm，口径：4.3cm，底径：6.3cm
D：高：16.7cm，口径：4.2cm，底径：6.4cm
E：高：16.8cm，口径：5.0cm，底径：5.8cm

　　造型古朴端庄，修长敦实，小直口溜肩，长圆腹，腹下渐敛，附直壁平顶圆盖。口缘足沿部刮釉露胎，胎质坚细，胎体厚重，缜密似玉，瓷化程度好，釉色呈青白色，釉面匀净肥润，有缩釉点，青花呈青蓝色，色泽浓艳深沉，底部是内凹圈足，各盖顶面及外壁绘有怪石花草纹，盖沿、壁下缘均匀施一圈酱釉，各罐器腹中分别绘有动物、山水、花鸟纹。A罐：麒麟芭蕉纹：山上有一个昂首观望麒麟，显得刚健豪迈有气势，四周绘以洞石芭蕉纹等衬景。B罐：马放南山纹：南山上有一位手执马鞭的牧童在放马观望，旁边有低头摆尾，四脚朝天的两匹马，显出驯服的模样。C、D罐：山水垂钓纹：秀山丽水中，有一叶小舟荡漾，老者垂钓，对岸茅庐古树，山峦起伏，意境悠远。E罐：春光长寿纹：树林中有数只形态各异鹊鸟，或栖于枝干，相互鸣叫，或穿飞林间，展翅飞翔。构图上疏下密，用平涂等技法描绘，线条粗放流畅，留白极为得体，朴实自然生动。五只盖罐为一组件，是祭祀用品，古人分别在各罐内存放黍、稷、稻、谷、粮五谷杂粮种子，将器物摆在祭坛上，供神佛或祖先缤用，祈求神灵保佑全家安康，是康熙朝民窑中普通器物。

第一章

康熙　青花（开光）人物图罐
高：20cm、口径：7.5cm、底径：8cm／早期

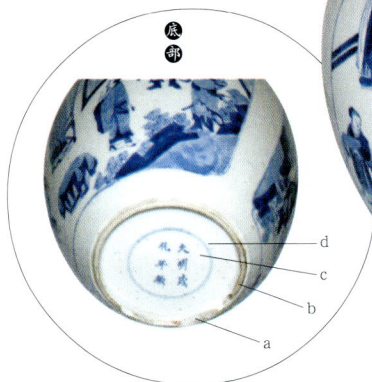

底部

侧面

d
c
b
a

展开图

敛口长颈，溜肩长圆腹，腹下渐敛，附直壁平顶圆盖，形制修长端庄，挺拔硬朗。内口缘和足沿部露胎无釉，胎质细白坚致，胎体厚重，厚薄不均匀，腹中部内有连接痕印迹，腹下部内有刮胎痕和缩釉点，腹底部有旋削纹与压印痕，瓷化程度好，制修胎规整，釉色呈粉白色，釉面均称细润，有细小缩釉点，青花呈青翠色，色泽浓郁青翠，呈色稳定，内凹浅圈足，圈足有部分磕伤（a），内外两面斜切削呈尖削状（b），釉底面有无数细小缩釉点（c），署青花双圈"大明成化年制"两行六字楷书仿明寄托款（d），字体随意规范。器腹二面大开光内通景绘有戏剧人物图，在祥云环绕的山边，有一位长须发的吕仙手持竹简，给白衣书生卢生指点迷津；在庭院中聚集五位体态优雅的仕女，有手持掸子，有捧官服、官帽等，操办婚事；在屏风的大堂前坐着手持官印、面容慈和的一位君王，前面有手捧笏板对他作揖的官人（卢生）等，边有侍童捧物，后有手持宝剑的将士相随，右边有手捧兵器的二位武士站立。故事人物场景开阔，人物众多有十四位，绘画工细生动，场面气势恢宏，线条自然流畅，渲染层次清晰，以历史故事、戏曲小说作瓷器装饰在康熙朝青花十分流行，此盖罐即是典型一例。描写汤显祖四梦之一《邯郸记》戏剧作品，吕洞宾指点卢生进入黄粱美梦，最后卢生看破红尘，与吕洞宾腾云驾雾而去；卢生娶亲成婚飞黄腾达；卢生拜见君王后带兵施计大获成功三个故事情节，该图案俗称"刀马人纹"、"人物故事图"，至今传世品较为少见，是康熙朝早期民窑中的精品。

康熙　青花人物图罐／景德镇陶瓷馆藏
高：24cm、口径：8cm、底径：11cm／早期

　　直口长颈，溜肩长圆腹，腹以下渐敛，形制修长秀美。口缘与底部露胎无釉，胎质洁白细润，胎体厚薄均匀，瓷化程度好，制修胎规整，腹内部有一条明显接痕，釉色呈亮青色，釉面纯净细润，胎釉结合紧密，青花呈青蓝色，色泽青翠深沉。器腹绘有爱鹤人物图，描绘宋代人林和靖爱鹤的故事，有一位穿着长袍朝服的林大人，右手抚摸自己胡须，在仙鹤引道下挺着胸在庭院中散步，悠然自得畅游惬意之境，后有二位童子执扇和执琴相随，上部有官帽与如云纹等，四周用花草与芭蕉纹衬景，用勾染等诸法并用描绘，绘画笔触流畅，人物形态生动，仙鹤体态婀娜，表现出林和靖以种梅养鹤自娱，有"梅妻鹤子"之称。此罐的器形是莲子罐形状，谐音"连子"，线条纤柔优美，画法是清早期转型时留有晚明遗风，艺术成就较高，为青花盖罐中精品。

康熙　青花（开光）仕女婴戏纹
高：28cm、口径：9cm、底径：11cm／早期

　　造型圆润端庄，敛口中颈，溜肩圆腹，腹下部渐敛，内凹圈足。用内扣式圆盖，罐口上部另一种露胎，内口缘和足沿部刮釉，胎质坚密，胎骨细白，胎体厚重，瓷化程度好，釉色呈粉白色，釉面纯净温润，青花呈青蓝色，青翠浓艳，呈色稳定，圈足呈圆润的"泥鳅背"状，釉底面有树叶款。器物颈和胫部饰杂宝纹，器腹是竖直的瓜棱状条纹，四面圆形开光内绘有仕女婴戏图，在大堂有一位体态优美，手持团扇的仕女，观赏三个童子戏耍的情景，每位童子动感十足，神情憨厚，有做鬼脸、漫舞等动作，间饰桌子花瓶，屏风栏杆纹等衬景。纹饰描绘细腻，渲染层次清晰，线条流畅利落，人物神态生动，衬托出仕女高贵典雅之风，属于康熙朝民窑中精品。在装饰瓷器时，陶工设计各种样式的边框，在框内描绘图画或纹样，好似在器物上"开窗"，有窗则光亮明朗，又"窗"、"光"谐音，故称"开光"，俗称"开堂子"，常见有方形、圆形、椭圆形、扇形、菱形、海棠形、梅花形、叶片形等，"开光"装饰首先要根据器物造型的特征和装饰的题材，设计"开光"的形状、位置、大小和数量，"开光"的装饰样式如同"锦绣堂中开画屏"，让观赏者可得到美的享受。

康熙 青花仕女婴戏纹罐
A：高：22cm、口径：9.0cm、底径：14cm／早中期
B：高：20cm、口径：8.8cm、底径：13cm／早中期

　　敛口短颈，溜肩圆腹，腹下渐收，内凹圈足，B罐附半圆形圆盖，器形饱满端庄。口缘足沿部露胎无釉，胎骨精细，胎质坚致、B罐洁白，胎体厚重，釉色A罐呈灰白色／B罐呈粉白色，釉面匀净细润，采用浙料，青花呈灰蓝色，色泽纯净深沉，制修胎规整，圈足宽厚、平整、细腻，呈"泥鳅背"状（a），底部面有缩釉点及双圈款（b）。B罐圆盖侧面饰四朵折枝花卉纹，顶盖开光内饰博古纹，器腹通体绘有"四妃十六子"的仕女婴戏纹，四周均分有坐着或站着四位妃子，仕女高髻秀面，体形修长，高贵典雅，有手持执扇、执花等观赏童子玩耍等情景；仕女间共绘有四组十六位童子，谐音为"事事如意"，A罐每组童子在做文体游戏，有捉迷藏、洗澡、迎亲等场景，内容较丰富，B罐每组童子也在做文体游戏，有习武、独乐、舞旗、玩风车等欢乐情景，内容比较简单，童子姿态各异，活泼顽皮。用单线平涂技法描绘，画工粗犷自然，人物生动传神，线条流畅洒脱，画面充满丰富的生活情趣，给人以自然淳朴美的享受，是康熙朝民窑中精品。

反面

正面

康熙　青花（四）婴戏纹罐
高：19cm、口径：7cm、底径：10cm／早期

　　罐口内敛，短颈溜肩，圆形腹，腹下渐收，圈足釉底，器形饱满圆实。口缘足沿部露胎无釉，胎质坚硬细密，胎体厚重，修胎规整，瓷化程度好，釉面肥润，釉色呈灰白色，用国产石子青料，青花呈黑蓝色，色泽深沉灰暗，圈足呈"泥鳅背"状。器腹绘有婴戏持莲图，有四个持莲的童子在庭院中戏莲的场面，每位童子头部圆润，头顶束发，五官清晰，身躯丰满，手持莲花，四肢粗壮，头大脚短，上身与腿部裸露，只穿肚兜，顽皮可爱，充满稚趣，四周用洞石栏杆、芭蕉花草纹衬景。用勾染等技法描绘，纹饰粗犷，线条流畅，层次清晰，虽为民窑器物的纹饰，不如官窑器物画工精细规整，但在图案中表现出童子洒脱传神的形态，并不亚于官窑器物的图案，因"莲"与"连"，"四"与"嗣"同音，寓意"（莲）连生贵子、子嗣连绵"。

康熙　青花山水人物纹小罐
高：12.6cm、口径：3.2cm、底径：6cm／早期

　　直口长颈，溜肩长圆腹，腹下渐收，形制修长端庄。口缘足沿部露胎无釉，留有明显的轮制旋纹痕，胎质精细坚致，胎体厚重，具有玉质感，釉色呈亮青色，口沿以下颈肩凸起部施酱釉，青花呈蓝灰色，色泽灰暗深沉，底部是内凹圈足，足端两面内外斜切削呈尖削状。器腹一周绘山水垂钓人物纹，远山和江水轻勾淡抹，近山和古树等渲染浓郁，水中有一老翁持竿临江独钓于秀山丽水之间，怡然自得。构图简朴，线条流畅，纹饰粗犷，自然生动，层次感略差，具有中国水墨绘画的风格，该器物是康熙朝民窑中德化窑系。

康熙　青花花卉纹大罐
高：24cm、口径：8cm、底径：13cm／早期

　　直口短颈，圆肩鼓腹，腹以下渐敛，器形高大简朴。口缘与底部露胎无施釉，胎骨坚细，胎质坚致，胎体厚重，瓷化程度不高，修胎规整，釉色呈青白色，釉面肥润，用国产浙料，青花呈灰蓝色，色泽偏灰暗色，底部面较粗糙、是平砂底。器腹一周通体绘有花卉纹，正面有一棵树干遒劲，两朵硕大盛开玉兰花，花朵饱满厚实，还有几颗含苞待放小花朵的玉兰树；反面有一棵桃枝劲挺，五瓣桃花盛开，另有花蕾在枝头上待放的桃花树，底部用山石花草纹衬景，顶部有孤零零的太阳高挂。构图简洁舒展，线条粗放流畅，渲染层次清晰，蓝白相映，显示出玉兰花的高贵，桃花的吉祥，使人们憧憬着幸福、美好、富贵的生活。

反
面

康熙　青花松竹梅喜鹊纹罐
高：23cm、口径：7.6cm、底径：13.5cm/ 早期

正
面

　　罐口内敛，短颈丰肩，鼓圆腹，肩以下渐收至底部较大，器形线条优美，造型给人以古朴端庄的大器之感。口缘与底部露胎无釉，胎骨细白坚硬，胎体厚重，釉层肥厚，釉色呈灰白色，青花呈深蓝色，色泽浓艳深沉，呈色不稳定，修胎规整，底部面规整、是平底。器腹通体绘有松竹梅和喜鹊花草纹，正面绘有苍松耸天，松叶过大；梅干生硬，大朵梅花五瓣有花蕊，清晰饱满；竹干瘦削，竹叶刚劲，错落有致；松、竹、梅又称"岁寒三友"，反面绘有四只喜鹊在空中展翅高飞，动感强烈。用单线平涂等技法描绘，画风自由洒脱，笔力浑厚粗犷，层次感较差，鹊能报喜，喜鹊登梅，寓意喜事开心之事到来，给人以喜庆吉祥的祝福，此罐为康熙朝民窑中普通器物。每朝代每时期的鸟儿在瓷器上的画法都有讲究的，如康熙朝早期画的是飞鸟（见正面图），图意是大明朝已完蛋了（四只代表死亡意思），我们索性自由飞翔吧，有点解脱的意思，也有飞回来报喜的意思等，到中期后都画站立的回头鸟，如青花雉鸡牡丹纹罐，图意是稍微歇息吧（一只代表个人意思），找个安稳落脚地方过安逸的生活，有点养尊处优的意思，一定程度上反映了士大夫阶层的生活心态。

康熙　青花缠枝莲纹"天"字小罐
高：7.8cm、口径：3.8cm、底径：6.7cm／早期／上海博物馆藏

　　小口短颈，溜肩扁圆腹，弧腹下渐敛，内凹圈足，附平顶扁圆盖，型制小巧矮墩。胎质细腻坚致，胎体厚重，瓷化程度好，制胎规整，釉色呈亮青色，釉面匀净肥润，用国产浙料，青花呈蓝黑色，色泽深沉灰暗，有朦胧的感觉，足沿部露胎无釉，圈足呈圆润的"泥鳅背"状，釉底面心书一"天"字款（a）。盖面饰有折枝莲纹，器物颈部与胫部饰一周青花地变形莲瓣纹，器腹中间绘有缠枝莲纹，用单线平涂技法描绘，莲花花朵饱满圆润，缠绕的枝蔓连接花叶，为两方连续同花同心构图方式，纹饰粗犷浑朴，线条流畅有力，对称排列整齐，但缺乏层次感。此罐俗称"天"字罐，是仿明代成化朝官窑同类型制作品，但成化朝仅留存斗彩"天"字罐，未见青花器物，此罐制作和描绘稍觉粗糙，但存世量极少，主要用于祭礼仪活动的佛教用器。理由第一点是因为器物整个纹饰都为莲纹，而莲花（纹）与佛教结下了千古传承的不解之缘，佛教以莲花高洁品德为喻，赋予莲花清静祥瑞、驱浊辟邪的神圣含义，是佛家的标志、象征，也是佛门的圣花；第二点是器物的器形有矮墩墩、大度感，而底部书写"天"字款，因为无栏无框，字体端正，意思为至高无上，是康熙朝民窑中精品。

康熙 青花（开光）博古纹罐
高：22.5cm、口径：9.5cm、底径：14.2cm／早期

造型饱满圆实，敛口短颈，溜肩腹浑圆，腹下渐敛至底，附直壁平顶圆盖。口缘足沿露胎无釉，见有火石窑红，胎质细腻，胎体厚重，釉色呈青白色，釉面肥腴，混浊泛青，青花呈黑蓝色，色泽凝重灰暗，有点迷混感，底部是内凹圈足，足沿部毛糙有窑粘，呈"泥鳅背"状，釉底面有双圈树叶款。器物颈部饰一周带状"人"字形篾纹，器腹用青花细线两面大开光内绘博古纹，有鼎炉、瓶与翎毛、香薰炉、书画、笔筒等文房用具题材，四周绘杂宝纹，如火珠、艾叶、方胜等环绕点缀。构图饱满舒展，渲染层次感强，线条古拙有力，纹饰错落有致，画面古色古香，图案丰富，追求洒脱随意的风格，寓意清雅高洁、吉祥平安，是康熙朝民窑中精品。

康熙　青花缠枝菊花和（开光）吉语纹大罐
高：27cm、口径：9.5cm、底径：13cm／早期

　　直口长颈，溜肩长圆腹，弧腹下渐敛，形制高大敦实。口缘与底部露胎无施釉，有火石窑红，胎质坚细，胎体厚重，制胎规整，器腹部内有镶接连痕，通体釉色呈亮青色，釉面肥腴，有缩釉小棕眼，用国产的浙料，青花呈青蓝色，色泽清丽深沉，底部面毛糙并粘有窑砂。器腹分段绘有三层纹饰，颈部通体绘有缠枝菊花纹，中部四个大圆形开光用楷字写成"福寿康宁"四个字吉祥语，字体规范端正，笔锋雄健有力，四周以青花地绘有白色缠枝菊花纹，胫部还是以青花地绘有白色如意卷花和点圈纹一周环绕。画法上是清初遗风，用单线平涂技法描绘，纹饰粗犷豪放，线条随意流畅，蓝白相映，诸福齐备。"福寿康宁"四字从明嘉靖晚期后盛行起来，因杨金英等十六名宫女谋杀嘉靖帝未遂，朱厚熜帝以"宫婢之变"昭告天下"卒获康宁"，"福寿"是古人对人生的最高追求，而"康宁"是中国传统五福之一，寓意福寿双全、幸福安康、延年益寿，是康熙朝民窑中器物。

康熙中期（青花盖罐）

　　康熙十九年至四十年（1680—1701年），由于社会相对稳定，经济繁荣，朝廷实行"恤商"、"利商便民"、"开放海禁"等政策，并派徐廷弼、臧应选等四位督窑官督理窑务，景德镇御窑厂开始大规模烧造瓷器，依仗国家的财力、势力，生产出官窑器物以精工质美取胜。而民窑器物因国外贸易繁盛，国内市场需求，烧成采用"官搭民烧"的做法，促进了民窑器物质量和工艺技术的提高，景德镇民窑制瓷业生产逐渐走向空前繁荣的局面，生产出清代质量最好的民窑器物，进入制瓷业最成熟的高峰阶段。这时期无论官民窑青花盖罐特征皆是：胎土细腻，胎骨洁白，胎质坚致，胎体厚薄均匀，但仍较厚重，釉料从早期的青白釉（亮青釉）为主变成为粉白釉、青白釉（亮青釉、硬亮青釉）为主，釉面光滑细润，胎釉结合紧密，有玉质感，胎体成形规整，圈足呈滚圆的"泥鳅背"状。青花盖罐从成形、绘画、烧成等工艺上有以下几点创新，(1)提高了制瓷工艺，如原料中增加高岭土的比例，降低釉料中的钙含量，镶接成形工艺改进，烧窑温度的提高等。(2)青花料提炼纯净，青花呈翠毛蓝、宝石蓝色等"康青"呈色，色泽明净艳丽，清朗不浑，艳而不俗，由青花家负责瓷绘，用斧劈皴和分水皴等技法描绘，分水渲染后能达到"墨分五色"的艺术效果，使青花瓷绘技达到历史上前所未有的高峰，纹饰题材比前期更丰富，有人物、动物、博古、山水等，特别是历史故事人物纹，如《西厢记》、《三国演义》等画面像似一幅幅精美细致的文人画，为前人所无之独创，具有很高的艺术水准。(3)造型比例和谐，饱满圆润，端庄秀美，线条柔和，盖罐为敛口短颈，溜肩（长）圆腹，腹下渐收至底部，内凹圈足，有挺拔硬朗的阳刚之美的造型。中期时民窑中精品青花盖罐的"康青"呈色，绘画风格，造型秀美等特性，是最有魅力的，代表着清三代青花盖罐的最高水平，是其时代审美精神的体现，也是其工艺创新的结果。所以这时期生产出青花盖罐质量是最好的，生产数量也超过前期，尤其是民窑中的上等精品器物层出不穷，有许多佳品可与官窑器相媲美，可谓登峰造极，达到中国青花盖罐艺术的又一座高峰。

表2 康熙中期青花盖罐的特征

胎体	胎土纯净细腻，淘炼精细，如糯米粉般细白，且有糯性，十分滋润，有"糯米汁"或"似玉"之称，胎骨洁白、润泽，胎质坚致、坚硬、坚密，胎体上手较沉实，分量较重，厚薄均匀，但比前期胎体略轻，胎壁匀称，瓷化程度高。成形中制修胎细致，大部分中、大类器物用分段拉坯、镶接、利坯等方法制作胎体，因镶接工艺成熟、利坯精制，使器物腹内部有一条连接痕印，但平滑规整肉眼不易察觉，少数用手抚摸连接处能感觉到明显的接缝存在，部分中、小类器物使用整体拉坯方式制作胎体，大部分腹部内都见有刮／旋胎痕的路纹、缩釉点、鸡爪纹等现象。
釉料／釉面	釉料纯净精细，有粉白釉，釉质坚硬，釉面结合紧密，呈细润色白，还有浆白釉，因烧成温度偏低，釉质不很坚致，釉面平整度不如粉白色，但很滋润、呈僵白色，两种釉面纯净细润；还有早期青白釉（亮青釉）等，多数是一种是明代中后期流行的青白釉（亮青釉）演变的，但釉面硬度高于明代，称为硬亮青釉，硬亮青釉的釉色呈白中闪青的硬亮青色，釉面细润坚硬，它的硬度、光洁度、折光率均比前面两种釉料更高；几种釉料的釉层均比早期釉料的釉层薄，而且釉面匀净滋润，胎釉结合紧密，给人以剔透坚硬的玉质感和紧密的光亮感。通体内外部表面施有一层粉白、浆白、亮青、硬亮青釉等中一种。（大部分器物内外部与底部面釉色基本一致，少部分器物腹内部、底部面施粉白釉，釉层较稀薄，器身通体施硬亮青釉等，釉层较厚，由于两种釉的烧成温度点不甚一致，所以底部面出现棕眼、针孔等现象，是器物鉴定和断代的重要依据之一。）
青花	采用浙料或珠明料，青料提炼纯净，色调清晰明快，浓淡相宜，层次感强。大部分官民窑青花呈纯蓝色、青翠色、色泽青翠艳丽，艳而不俗，蓝中略带紫色，也有青花呈正蓝色、黑蓝色、灰蓝色等，色泽纯净明快，稳定沉着，其中黑蓝色仿明（永乐、宣德）青花的风格，有晕散感、小铁锈斑和桔皮纹等现象，灰蓝色仿明（成化）青花的风格，给人以清晰淡雅之美。民窑精品中青花尤其以翠毛蓝色和宝石蓝色最为著名，俗称"佛头蓝"、"康青"，色泽青蓝纯净，明净艳丽，色阶丰富，具有宝石蓝光泽，但鲜蓝而不火气。三朝的青花色泽都深沉釉底，没有漂浮感，如用高倍放大镜观察釉层面，见有青花深彻釉底下沉，无漂浮之感，周围有无数密麻均匀分布的透明小和中气泡和少数黑斑点。部分青花的画面中呈指捺般水印纹。
底足／口沿	口缘足沿部露胎无施釉，露胎处胎体洁白细润，不见火石窑红，部分器物上口缘特高，口沿、圈足器形成形规整。底部是内凹圈足，制修底部面精细，足沿两面内外斜削，呈滚圆的"泥鳅背"状，俗称"灯草梗"、"孩儿脊"，抚摸足脊时有糯米粉般细腻的感觉，少部分足脊有呈尖状或平切状，圈足底径比前期略缩小，底部面釉层薄，有顺时针方向旋削纹，也有细小的缩釉点俗称"棕眼"等。
器形	既有继承前期的式样，又有仿古的式样，也有本朝创新的式样，器形：规整、端庄、凝重、饱满、圆润、圆实、浑圆、秀美、端庄中透出灵秀的美姿。在制作过程中讲究整体效果，富有独创性，即使器形是弧线，也是弧中带直，给人的感觉是向上、硬朗、挺拔、富有阳刚之气。多数盖罐为敛口、溜肩、（长）圆腹、腹下渐收至底部、内凹圈足、造型饱满圆润、端庄秀美，风格上已经完全摆脱前期质朴之感，表现出壮伟大气之美，线条流畅，刚柔相宜，比例和谐，耐人品味，器形更趋优美合理。
纹饰／技法	纹饰生动自然，构图舒展，线条流畅，意境深远。绘画技法上通过改进和创新形成了自己独特的风格，用渲染即分水皴的技法描绘，也用斧劈皴（披麻皴）等技法描绘，又用点涂、勾染、皴擦等技法兼用描绘，吸取借鉴了中国水墨画的绘画技巧，善于运用传统的"开光"法，又吸收西洋画中焦点透视原理，即迎光处色泽淡雅，背光处色泽浓郁，使画面多层次、多色阶，富有立体真实感，具有水墨国画的艺术效果，为前人所无之独创，是历代所罕见。纹饰题材广泛，包罗万象，画面活泼有趣，清新雅致，具有很高的艺术审美价值。装饰纹：人物、动物、山水、花卉、博古、吉语等。
款识	双圈、年号、干支、仿明寄托（大明成化年制、大明宣德年制等）、图记、吉语、堂名款等，大多数官民款绘工规矩，字体工整，端整秀逸，笔力雄浑，以楷书为主，少数民窑款书写较草率。

注：①双重圈款内外两重比较靠近。②圆圈起讫在同一点上，天衣无缝，不见接头。③外圈稍粗，内圈细。④当时禁止在民窑瓷器上书写年款，以双圈隐喻朝代的习俗。

康熙　青花仕女婴戏纹罐（一）
A：高：23.3cm、口径：9.2cm、底径：13cm／中期／上海博物馆藏
B：高：22.0cm、口径：9.0cm、底径：13cm／中期

　　罐口内敛，短颈圆腹，腹弧下渐收，圈足釉底，A罐附直壁平顶圆盖，造型隽秀，典雅优美。口缘足沿部露胎无釉，胎质坚硬，胎骨细白，胎体厚重，瓷化程度好，釉色呈硬亮青色，釉面细腻温润，胎釉结合极密，用国产珠明料，青花呈青翠色，色泽青翠艳丽，艳而不俗，修胎规整，是内外斜削式圈足并经打磨，呈滚圆的"泥鳅背"状。A罐圆盖面绘有课子读书纹，器物颈、胫各饰三角形纹与双圈弦纹，器腹绘有"四妃十六子"仕女婴戏图，把四妃绘成脸庞丰满，发髻高挽，眉如弯月，唇似朱点，长裙曳地，气质高雅，雍容华丽，有坐着或站着观看童子玩耍等场景，将富家的十六童子绘成头顶束发，神态天真，姿态各异，手舞足蹈，有玩游戏、提莲灯、牵螃蟹、习武和独乐等欢乐情景，四周绘洞石树木、蕉叶栏杆、开光云纹等衬景辅助。用勾染皴擦等技法并用描绘，纹饰清晰，画工精细，线条流畅，层次立体感强，艺术成就高，是清三代青花盖罐中难得的精品。

第一章

23

康熙　青花仕女婴戏纹罐（二）
A：高：24.0cm、口径：9.6cm、底径：12cm／中期
B：高：20.8cm、口径：9.5cm、底径：12cm／中期／福州市博物馆藏

　　造型端庄敦实，罐方唇，平沿敛口，溜肩圆腹，腹下渐敛，圈足釉底，B罐附直壁平顶圆盖（介绍见第七章）。口缘足沿部刮釉露胎，胎质细白、坚硬，胎体沉重，瓷化程度好，A罐釉色呈青白色，B罐釉色呈粉白色，釉面纯净细润，胎釉结合紧密，有玉质感，用国产浙料，青花呈纯蓝色，色泽浓艳明净，圈足呈滚圆的"泥鳅背"状。器物颈、胫部各饰一道双圈弦纹，器腹和盖面绘有传统婴戏仕女图"四妃十六子"，四妃后指初唐贵、淑、德、贤，每位妃子发髻高绾，衣裙曳地，雍容富贵，有执扇抱子，戏婴举莲等场面；十六子典出《左传》，还有是指十六族，每童子姿态各异，生动传神，有骑马、扛旗、放风筝、甩袖起舞、相互追逐玩耍等场景，B罐描绘庭院中有芭蕉、山石纹等，芭蕉繁密，蕉叶中茎留白，象征荣华富贵；A罐描绘庭院中有梧桐树、栏杆、卷云纹等，梧桐比喻有凤来仪。用分水皴等技法描绘，画面层次多而分明，洋溢着自然活泼的情趣，寓意妻贤子孝、多子多福、祥和美好，是康熙朝民窑青花罐中的珍品。

康熙 青花（开光）人物楼阁山水纹大罐
高：（25.4cm）30.5cm、口径：10cm、底径：14.5cm／中期／福州市博物馆藏

罐方唇，平沿敛口，溜肩长圆腹，腹下渐敛，圈足釉底，附直壁微弧平顶圆盖（第七章已介绍），造型端庄圆实。口缘足沿部刮釉露胎，胎质坚致、细润，胎体厚重，瓷化程度高，制修胎规整，釉色呈硬亮青色，釉面坚硬细润，青花呈深蓝色，色泽深沉浓艳，圈足呈"泥鳅背"状，底部面有双圈款。器物颈部饰一周涡纹和三角纹锦地，胫部饰一周三角形纹锦地，器腹八组上下相对云肩纹中四面开光内绘有人物楼阁山水图，由八景组成西湖风光图；a（面一）："钱塘门"外三骑扬鞭进城墙门，对岸"百岁居"旁雅士驻足闲谈；b（面二）："祭禅祠"前横卧小桥，上有儒生蹀步，湖中船夫撑舟，"玉虚楼"前僧人闲步；c（面三）："三义庙"内儒生聚会，"学士桥"上儒生漫游；d（面四）："涌金门"外古树茂盛，"湖心亭"中有儒生闲逛，湖中游船上官人作诗畅游。众多人物描绘栩栩如生，各景物之间错落有致，自然真实生动，开光四周饰连续涡纹锦地，内留白处绘有五瓣大梅花和云纹点缀。用勾染等技法描绘，构图丰富饱满，画面主次分明，画法精湛细腻，笔法自然流畅，辅助纹饰丰富，为康熙朝民窑青花大罐中不可多得的珍品，艺术成就已超过本朝的官窑器物。

面一

康熙 青花（开光）人物花卉纹罐
高：20cm、口径：8.4cm、底径：11.5cm／中期

面二

底部

　　敛口短颈，溜肩圆腹，腹下渐敛，附直壁平顶圆盖，形制端庄饱满。内口缘和足沿部露胎无釉，胎质坚细，胎体沉重，腹部内有旋胎痕，腹底部有压印痕，瓷化程度高，釉色呈粉白色，釉面纯净细润，胎釉结合紧密，青花呈纯蓝色，色泽明净，底部是内凹圈足，呈内直外斜式滚圆的"泥鳅背"状，釉底面署青花双圈"大明宣德年制"三行六字楷书仿明寄托款，字体端正有力。器物颈和胫部上、下各饰一道双圈弦纹，内绘有（桃、石榴、菊花、茶花等）折枝花果纹，器腹六面槽形上、下部开光内绘有仕女婴戏纹、花卉和杂宝纹，三面大开光内绘有仕女婴戏教子图，在大庭中坐着一位脸庞圆润，面带笑容，身穿汉装，双手指向童子的仕女，教导孩子要中举夺魁，博取功名富贵，童子神情憨厚，嬉笑听从，四周有屏风和曲栏、石头和花草等衬景；另三面大开光内绘有花卉纹，各有一株牡丹和梅树倚石生长，有双犄形盛开牡丹花和争奇吐艳的梅花，也有兰花和石头等纹饰点缀；上部六面小开光内绘有双钱、艾叶、法螺等杂宝纹，各杂宝上、下左右结带飘拂。用勾染等技法描绘，纹饰布局错落有序，线条自然流畅，（颈、胫部）锦上添花，人物生动传神，学三娘教子，牡丹富贵，山石祝寿，母子亲密，"美女风姿多秀色，诗画教子学前贤"，整个画面充满祥和美好的意境。

康熙　青花人物图罐（一）
高：23.5cm、口径：8cm、底径：13cm／中期

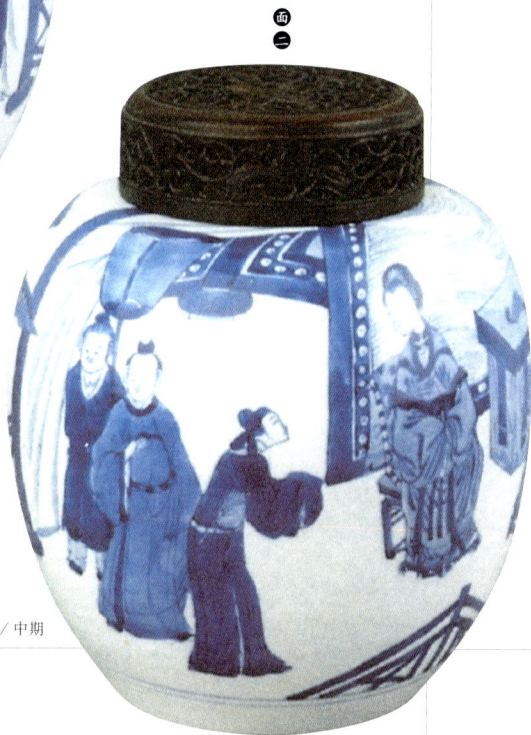

　　造型饱满圆润，敛口短颈，溜肩圆腹，腹下渐收至底足，附直壁平顶木圆盖。口缘足沿部露胎无釉，胎质洁白坚硬，胎体厚重，成形工艺细致，瓷化程度高，釉色呈青白色，釉面纯净细润，青花呈深蓝色，色泽浓艳深沉，呈色稳定，底足是内凹圈足，呈滚圆的"泥鳅背"状，底部面有双圈款和细小缩釉点。器腹二面大开光内通景绘有郭子仪贺寿人物故事图，内容为在大庭中各儿孙们祝寿贺老爷和贺老夫人的场面，有八位人物喜颜悦色，形象鲜明，衣纹流畅，栩栩如生，四周有楼阁、屏风、栏杆纹等衬景。构图饱满，绘画工细，线条圆润，分水特征明显，画面取材于当时流行的戏曲故事，具有较高的艺术欣赏价值，是康熙朝民窑中精品，与康熙青花五彩人物图罐的纹饰是一致的，但五彩盖罐艺术水准更高。

反面

正面

康熙　青花人物图罐（二）
高：22.8cm、口径：7.2cm、底径：11.5cm／中期／江西文物商店藏

　　圆口内敛，短颈溜肩，圆形腹，腹下略收，附直壁平顶圆盖，器形饱满端庄。
口缘足沿部露胎无釉，胎体厚重，胎质坚硬，瓷化程度好，釉色呈硬亮青色，釉
面清亮细润，胎釉结合紧密，用国产的浙料，青花呈青翠色，色泽清丽浓艳，底
部是内凹圈足，呈滚圆的"泥鳅背"状。圆盖部绘有山水纹，器物颈部饰一周带
状"人"字形篦纹，器腹绘有科举图，正面所绘六位人物在大堂中，有穿着朝服
站立的官员，有手持笏板对着君王打躬作揖的状元等，人物形态各异，生动逼真，
连背景的屏风都刻划细腻，反面绘洞石芭蕉纹饰，蕉叶繁密宽大，叶筋勾勒清晰，
象征富贵荣华。用分水皴等技法描绘，有层次立体感，运笔随意流畅，因笏板是
官员晋见皇帝时用的器物，大屏风是权力的象征，明清两朝的青花瓷上，严禁随
意绘帝王像，所以此图描绘了科举考试中连中的一甲三人：状元、榜眼、探花拜
见皇帝的情节，是康熙朝民窑中的精品。

康熙　青花人物图罐（三）
A：高：20cm、口径：8.5cm、底径：12cm／中期
B：高：20cm、口径：8.2cm、底径：12cm／中期／江西文物商店藏

　　敛口短颈，溜肩圆腹，腹下渐敛，圈足釉底，形制丰满圆实。口缘足沿部露
胎无釉，胎骨细腻，胎质坚致，胎体厚重，修胎规整，瓷化程度高，釉色呈硬亮
青色，釉面纯净滋润，青花用国产浙料，A罐呈纯蓝色，B罐呈青蓝色，色泽青
翠浓艳，发色稳定，内凹圈足光滑细腻，呈"泥鳅背"状，底部面有双圈款。器
腹正部绘有折桂人物图，有一位高官手持桂枝，挺胸腆肚，身后站三位侍从，身
前站或跪有书生和侍女，书生伸手摘取桂花，人物神态各异，惟妙惟肖，周围绘
有屏风、芭蕉、洞石、云纹等衬景。纹饰自然活泼，渲染层次清晰，人物造型生
动夸张，寓意是士人要学而优则仕，摘取功名富贵，加官晋爵，享受高官厚禄的
生活方式。

康熙　青花人物图中罐
高：17.5cm、口径：5.5cm、底径：9.4cm／中期

康
部

b
c

上
部
a

展
开
图

　　上口缘特高（a），露胎无釉，溜肩圆腹，腹下渐收，内凹圈足，附平顶圆盖，造型端庄秀美。胎质坚硬，胎骨洁白，胎体厚重，瓷化程度好，釉面细腻滋润，泛射出一种类似蛤蜊油的光泽，釉色呈亮青色，胎釉结合紧密，具有玉质感，青花呈灰蓝色，色泽淡雅深沉，发色稳定，用高倍放大镜观察釉层面，见有气泡大小密集透明，青花深彻釉底下沉，圆足呈内直外斜式滚圆的"泥鳅背"状（b），釉底面有双圈款及缩釉产生小棕眼（c）。器腹绘有元代戏剧家王实甫笔下的《西厢记》人物故事图，有一位身穿朝服的书生张生端坐堂上，眉目清秀，手持执扇，旁有一侍童，与对面手持佛鞭坐禅的普救寺和尚法聪在探讨佛法，人物形象逼真，栩栩如生，后部绘洞石芭蕉栏杆纹与云纹为辅助纹饰衬景，蕉叶纹中茎留白，叶筋勾勒清晰，是清中期前的典型画法。纹饰生动逼真，线条流畅利落，绘画写实细腻，用笔纤细有力，用分水皴等技法描绘，富有层次变化感，是康熙朝青花人物纹盖罐的一件代表作品。

清三代青花盖罐

30

康熙　青花人物图小罐
A/B：高：15.5cm、口径：4.6cm、底径：6cm／中期

　　A罐上口缘外露，特高无釉，B罐上口缘镶银套，小口溜肩，长圆腹，腹以下渐敛，内凹圈足，B罐附球形银盖，形制修长俊秀。胎质坚致，胎骨细腻，胎体厚重，瓷化程度高，通体施硬亮青釉，釉面纯净滋润，采用浙料，青花呈纯蓝色，色泽青翠浓艳，呈色稳定，足沿两面内外斜切削并经打磨，呈"泥鳅背"状，底部面有极细旋削纹及小棕眼。器腹A罐绘有《西厢记》人物故事图，B罐绘有仕女人物图，所绘男、女人物神态各异，形象生动传神，渲染层次清晰，线条流畅自然，但画工不细致，人物周围绘有屏风、栏杆、桌凳等衬景，构图舒展有序，画面雅俗共赏。人物图的题材多取材于历史或戏曲故事中一节，绘画受明末清初陈老莲等画风的影响，脸部大多不甚规整，并且只勾轮廓线，极少填色，此图案是典型康熙朝青花人物纹绘画的风格，B罐是康熙朝出口欧洲等地的外销瓷。

康熙　青花（百）婴戏纹大罐
A：高：41.5cm、口径：12cm、底径：17.5cm／中期
B：高：19.5cm、口径：8cm、底径：12cm／中期

　　A罐直口长颈，溜肩长圆腹，B罐敛口短颈，溜肩圆腹，腹下渐收至足部，B罐附平顶木圆盖，形制高大规整，饱满端庄。口缘与底部露胎无釉，胎质精细、洁白、坚硬，胎体厚重，制胎成形规整，腹部内有接痕和旋胎痕，釉色呈硬亮青色，釉面硬度高，纯净滋润，胎釉结合紧密，底部面细腻光洁，青花为浙料，A罐呈纯蓝色，B罐呈深蓝色，色泽青蓝纯净，深沉清晰，画面采用"分水皴"等技法，通过层层渲染，有浓有淡呈现出层次立体感，使青花达到"墨分五彩"的效果。器腹上绘有百婴戏图，如有童子持莲、攀花、蹴鞠、对弈、放鸢、独乐、绘画、放鞭炮、骑竹马、捉迷藏等欢乐情景，画面上的童子或工、或简、或夸张，动感强烈，每个童子头顶束发，后脑凸起，眉目清晰，举手投足，姿态各异，充满童趣，衣裤勾勒平涂，配以假石、栏杆、花草为辅助纹衬景点缀。纹饰布局繁密，线条流畅洒脱，其婴戏场面十分热闹，反映了童子多姿多彩的活动场景，表现出童子天真烂漫、顽皮可爱的形象，特惹人喜爱，使人们在欣赏中得到艺术享受，是康熙朝民窑婴戏纹盖罐中不可多得的艺术珍品。"百子"来源于《诗·大雅·思齐》："大姒嗣徽音，则百斯男"，讲的是周文王的妃子大姒给他生了十多个儿子，百姓祝颂他，望他能得百斯男，以后百子图、婴戏图就成为官宦和百姓人家喜闻乐见的传统装饰题材。

Ⓐ 罐

Ⓑ 罐

康熙　青花（开光）（九／十五）婴戏纹罐
A：高：22.0cm，口径：8.5cm，底径：12cm／中晚期
B：高：17.8cm，口径：6.4cm，底径：10cm／中期

局部

　　敛口短颈，A罐丰肩、B罐溜肩圆腹，腹以下渐敛，B罐附平顶圆盖，形制饱满浑圆。口缘足沿部露胎无釉，胎质洁白坚致，胎体厚重，瓷化程度好，釉面精细滋润，A罐呈浆白色，B罐呈粉白色，用国产浙料，青花呈纯蓝色，色泽娇艳青翠，底部是内凹圈足，修足规整，呈滚圆的"泥鳅背"状，底部面有双圈款及缩釉产生小棕眼。器物颈与胫部分别饰花果、杂宝纹，器腹是竖直的瓜楞状条纹，三面圆形开光内绘有三、五婴戏欢乐图，每面有三、五个童子在庭院中玩戏的场面，每个童子头顶束发，眉目清秀，抛袖投足，活泼可爱，线条简洁有力、流畅自如，用分水皴法浓淡渲染，有层次动感性，上、下部用对称栏杆纹饰衬景点缀。开光外四周留白极为规整，与婴戏纹饰显得和谐统一，并相映成趣，寓意"多子多福"、"五子登科"，是康熙朝民窑婴戏纹盖罐中典型的代表作。宋代窦禹钧的五个儿子仪、俨、侃、偁、僖相继及第，故称"五子登科"。

　　井口短颈，溜肩圆腹，腹以下渐敛，形制端庄圆实。口缘足沿部露胎无釉，胎质洁白坚硬，有"糯米胎"之称，胎体厚重，瓷化程度高，釉色呈粉白色，釉面精细莹润，胎釉结合紧密，用国产浙料，青花呈深蓝色，色泽清丽深沉，呈色稳定，底部是内凹圈足，呈滚圆的"泥鳅背"状，底部面有双圈款及缩釉产生小棕眼。器腹二面大开光各绘有五个富家童子在郊外踏青玩戏、疏散身心的情景，每个童子眉目清晰，活泼可爱，有舞龙、玩游戏、双舞等喜悦的场面，正中绘一棵大芭蕉树，远景是在朵朵祥云上层有一排山峰高出，孤单的太阳高挂等景物辅助，开光之间上、下部各书写篆体"寿"字纹点缀。用分水皱等技法描绘，画风简洁轻快，线条流畅自如，有层次动感性，充满浓郁的生活气息，具有一定的艺术欣赏价值。

康熙　青花（五／六）婴戏纹中罐
A/B:高：14.5cm、口径：5.5cm、底径：9cm/中期

　　罐口内敛，短颈丰肩，圆形腹，腹下缓收至底，形制敦实规整。口缘足沿部露胎无釉，胎骨细白，胎质坚致，胎体厚重，通体施硬亮青釉，色泽亮青莹润，釉面坚硬细润，具有玉质感，胎釉结合极密，用国产的浙料，青花呈纯蓝色，色泽浓艳娇翠，修胎十分规整，底部是内外斜削式内凹圈足，呈滚圆的"泥鳅背"状。器腹绘有婴戏放鸢和舞龙图，有五、六个童子在庭院中玩耍游戏的情景，有舞龙、独乐、放风筝、捉迷藏等极富生活气息的场面，每个童子头顶束发，后脑凸起，衣服平涂，裤子勾描，姿态各异，表现天真活泼的意趣，间饰花草、假山、曲杆与云纹等景物点缀。纹饰简洁粗犷，用抽象夸张的风格描绘，渲染层次清晰，线条流畅柔和，整个场面充满着喜庆、祥和、欢快的气氛，是康熙朝民窑中普通器物。

康熙　青花（三）婴戏纹罐
高：18.2cm、口径：7cm、底径：10cm／中期

　　敛口短颈，溜肩圆腹，腹下渐收，内凹圈足，附平顶圆盖，形制规整凝重。口缘足沿部露胎无釉，胎质洁白细腻，胎体薄厚均匀，重量略轻，修胎细致，瓷化程度好，腹部内有刮／旋胎痕和"鸡爪纹"，釉色呈粉白色，釉面纯净细润，青花使用云南出产的"珠明料"，呈翠毛蓝色，色泽鲜丽青翠，明净艳丽，如宝石般的光泽，内直外斜式圈足光滑细致，呈典型滚圆的"泥鳅背"状，底部面有双圈款及缩釉产生的小棕眼。器腹绘有婴戏持莲图，有三个童子在庭院中持莲花玩耍的欢乐情景，每个童子眉目清晰，神态天真，活泼顽皮，头顶束发，手持一束莲花，腹部穿肚兜，赤膊赤脚等欢快的场面，四周用假山、花草、栏杆纹衬景，反面绘一组山石芭蕉纹点缀，蕉叶的叶筋勾勒清晰明快，山石层次质感强，上部绘有云纹及一轮太阳当空挂着。用勾染皴擦诸法并用，画面描绘细腻，线条自然流畅，纹饰清秀明快，富有生活情趣，艺术魅力十分动人，正面图寓意孩子今后要"一路连（莲）科"、"一路清廉（青莲）"、"刚正廉洁"等，反面图寓意孩子一生要"有日高升"、"高升在望"、"富贵荣华"等，是婴戏图同类作品中不可多得的一件民窑精品佳作。

康熙　青花（二）婴戏纹小罐
A：高：15cm、口径：4.8cm、底径：7.9cm／中期
B：高：11.8cm、口径：4cm、底径：6.0cm／中期

　　小口短颈，溜肩长圆腹，弧腹下渐敛，形制精巧规整。口缘足沿部露胎无釉，并有火石窑红，胎质坚硬，胎体厚重，釉面匀净细润，通体施青白釉，呈白中闪青色，胎釉结合紧密，青花呈纯蓝色，色泽青翠纯净，底足是内凹圈足，足部内外斜削式呈尖削状，底部面有缩釉产生小棕眼。器腹绘有习武图与舞旗图，表现了两个童子在庭院中玩练武和打仗的欢乐情景，纹饰简洁粗犷，线条随意流畅，童子脸部不甚规整，只勾描轮廓线，涂染衣服，姿态各异，自然生动等，四周用山石云纹等衬景，画面充满着淳朴的艺术风格，是康熙朝民窑中普通器物。婴戏图是清代瓷器上主要图案之一，这两组图案的意思为：教育好孩子，从小要锻炼好身体，长大后要做将军，指挥打仗、保家卫国。

康熙　青花（开光）状元及等寿纹大、中罐
A：高：22cm、口径：8cm、底径：11.5cm／中期
B：高：17cm、口径：6cm、底径：9.0cm／中期

　　敛口长颈，溜肩圆腹，腹以下渐收，圈足釉底，形制饱满圆实。口缘足沿部露胎无釉，胎土细密，胎质洁白细腻，胎体厚重，瓷化程度好，制修胎规整，胎釉结合紧密，釉色呈粉白色，釉面细白滋润，采用浙料，青花 A 罐呈青蓝色，B 罐呈灰蓝色，色泽清丽灰暗，A 罐呈色稳定而 B 罐有晕散感，圈足呈滚圆的"泥鳅背"状，底部面有双圈款和缩釉点。器腹绘有一位童子身着官服手持如意器，骑在夸张变形的麒麟上，前有举大旗童子开道，后有童子扛大旗和官盖等相随，四周用花草山石、栏杆和云纹等衬景，海棠形两面大开光中间上、下部各书写篆体"寿"字纹点缀。用勾染等技法描绘，线条简练有力，虽画工较为粗糙，但人物等造型夸张而有神采，反映了当时士大夫升官后，衣锦还乡的一种社会现象，寓意高官厚禄、延年益寿，是康熙朝民窑器物。

⓪
罐
侧
面

康熙　青花青花麒麟送子纹罐
A：高：22cm、口径：8.6cm、底径：12cm／中期
B：高：20cm、口径：8.2cm、底径：12cm／中期

⓪
罐
正
面

⓪
罐

　　造型饱满圆实，圆口内敛，短颈溜肩，腹浑圆，腹下部略收，附平顶圆盖。口缘足沿部露胎无釉，胎细瓷坚，胎体厚重，修胎细致，釉面光滑细腻，釉色呈硬亮青色，青花呈纯蓝色，发色纯净青翠，底部是内凹圈足呈"泥鳅背"状。器物颈、胫部饰城墙纹和一字云纹，器腹绘有麒麟送子图，一位童子身着官服，头顶莲花，左手持如意器，右手持仙草，骑在麒麟上，将麒麟绘成头部如龙，身挂鳞甲，马腿脚，尾部如牛，前有二位童子举大旗和官盖开道，后有四／三位童子手捧净瓶、书画、供品羊等相随，A罐周围如意形白云飘逸环绕，反面用芭蕉和山石等纹饰衬景。运用斧劈皴等技法描绘，山石线条硬朗，人物生动传神，纹饰自然流畅，布局错落有致，画面层次丰富，A罐是康熙朝民窑青花盖罐中精品。麒麟纹饰出现在瓷器上始于元代，汉许慎《说文解字》谓："麒，仁兽也，麋身牛尾一角；麟，牝麒也。"麒麟是古代传说中一种吉祥动物，形状象鹿，龙头有角，全身鳞甲，有牛尾巴，与龙一样，集各种鸟兽形象一体，以显神异，常拜麒麟，可以早得贵子，吉祥幸福，所以新年之际，全国各地有张贴"麒麟送子"年画，有吉祥联语"天上麒麟儿，地下状元郎"，还有要举行麒麟送子活动的习俗等，麒麟纹饰已进入我们民族文化的各个方面，体现在民俗生活之中。

康熙　青花麒麟送子大、中纹罐
A：高：23cm、口径：9.2cm、底径：12.5cm／中期
B：高：17cm、口径：6.8cm、底径：10.3cm／中期

　　造型端庄隽秀，敛口中、短颈，溜肩圆腹，腹下渐敛，B罐附平顶圆盖。口缘足沿部露胎无釉，胎质致密细洁，胎体厚薄均匀，A罐胎体厚重，B罐重量偏轻，制修胎规整，瓷化程度高，釉色A罐呈硬亮青色，B罐呈粉白色，釉面纯净细润，青花用国产浙料，呈青蓝色，色泽浓艳青翠，呈色稳定，圈足光滑细润呈"泥鳅背"状，底部面有双圈款和缩釉点。器物颈部A罐饰三角形纹，B罐饰双圈弦纹内绘如意云纹，胫部都饰双圈弦纹，器腹绘有麒麟送子图，有八／四个童子在庭院中模仿官员出游的场面，中间一位面带笑容，（A罐）双手抛袖／（B罐）手持如意，身着官服的童子骑在威武（A罐）奔跑／（B罐）温顺的麒麟上，前面有四／二位扛大旗、打鼓、吹喇叭的童子开道，后面有三／一位手持官盖、手捧官衣的童子相随，四周通景绘房间、洞石、栏杆、芭蕉、花草、祥云纹等，飘带祥云纹线条清晰流畅。用勾染等技法描绘，人物衣纹流畅自然，麒麟动感强烈，绘工生动精细，此纹饰为清代民间喜闻乐见的题材，麒麟纹作为祥瑞、幸福、仁慈的象征，图案之意是功名利禄、国泰民安，是康熙朝民窑中精品。

康熙 青花（开光）海兽纹罐（一）
A：高：25.0cm、口径：9.0cm、底径：12.0cm／中期
B：高：22.8cm、口径：10.8cm、底径：12.6cm／中期／福州市博物馆藏

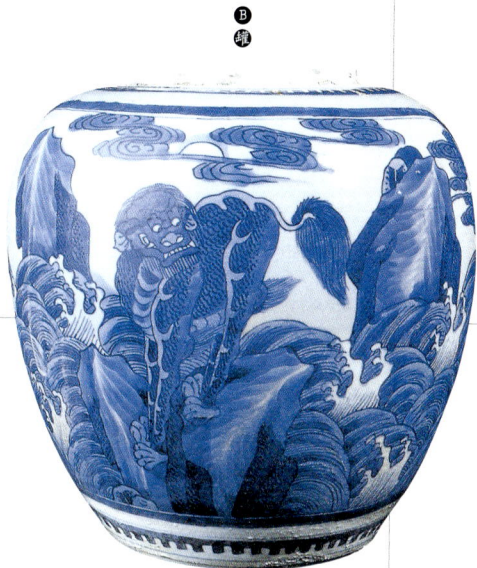

　　造型饱满圆润，罐方唇平沿，敛口长／短颈，A罐溜肩／B罐丰肩圆形腹，腹下渐敛，内凹圈足，A罐附直壁平顶圆盖。口沿足沿部刮釉露胎，胎质坚致，胎骨洁白，胎体厚重，瓷化程度高，腹部内见有旋胎痕和缩釉点，釉色A罐呈粉白色，B罐呈青白色，釉面滋润细白，B罐因海水长期腐蚀，胫部有脱釉等缺陷，胎釉结合紧密，青花A罐呈纯蓝色，B罐呈青蓝色，色泽浓艳青翠，圈足呈圆润的"泥鳅背"状，釉底面有双圈款。器物颈和胫部饰带状"人"字形箆纹，A圆盖顶面和A／B罐器腹部绘有海兽纹，二面大开光内描绘一只体态雄健的瑞兽立于波涛汹涌的礁石之上，海上浪花四周飞溅，瑞兽动感强烈，气势雄壮，四周用山石、海水、云纹等衬景点缀。用分水皴等技法描绘，绘画生动清晰，形神兼备，层次分明，瑞兽是古人创意出一种吉祥仁慈的动物，是古人对仁道、德政、贤明君主，以及美好生活的向往和寄托。

Ⓑ
罐

Ⓐ
罐

康熙　青花海兽纹罐（二）
A：高：20.0cm，口径：8.2cm，底径：11.5cm／中期
B：高：19.3cm，口径：8.0cm，底径：11.0cm／中期

　　敛口短颈，溜肩圆腹，腹以下收敛，形制饱满圆实。口缘足沿部露胎无釉，胎质坚硬，胎体厚重，瓷化程度高，釉面纯净，釉色呈粉白色，胎釉结合紧密，青花A罐呈深蓝色，色泽浓重深沉，B罐呈青翠色，色泽青翠浓艳，呈色都稳定，底部是内凹圈足，圆润光滑呈"泥鳅背"状。器腹绘有海兽图，在惊涛骇浪中，湍急的海水拍打着起伏的礁石，激起一朵朵白色的浪花，有一只凶猛威武海兽，肌肉隆起，前后腿留白，有细密均匀的鳞甲，尾巴的线条流畅，凝神和仰视伫立，四周用海水纹、山石纹、云纹、火焰纹等衬景。画面疏密相间，气韵生动，静中有动的感觉，勾染皴擦诸法并用描绘，画工细腻传神，有层次立体感，是康熙朝民窑青花盖罐中精品佳作。

圆盖

底部

康熙　青花冰梅（开光）瑞兽纹罐
高：25cm、口径：8cm、底径：13cm／中期

　　直口短颈，溜肩长圆腹，腹下渐收，圈足釉底，附平顶圆盖，形制敦实规整。胎骨细白，胎质坚硬，胎体沉重，瓷化程度好，釉色呈硬亮青色，釉面纯净温润，胎釉结合紧密，有玉质感，青花用浙料，呈纯蓝色，色泽浓艳青翠，蓝中略带紫色，修胎规整，底部面白釉无款，足沿部露胎无釉，圈足呈滚圆的"泥鳅背"状。盖顶面绘莲托宝鼎和侧面饰一圈如意卷纹，器物颈、胫部饰一周带状"人"字形篦纹，器腹用三面海棠形开光技法绘有瑞兽纹，瑞兽抬头张牙舞爪，身躯雄健，尾部细长，前、后脚粗壮，腿部鳞甲，威武凶猛，气韵生动，头部上绘一组"山"字形火焰纹，线条流畅，画工精细，用勾染皴擦等技法并用描绘，有层次立体感。开光四周饰青花冰裂梅花纹，（用浓料的青花绘冰裂纹，加稍淡的青料渲染，为冰裂大小片状青花蓝地，通体罩有一层硬亮青釉入窑高温一次烧成，又称为反青花），留白处为梅花纹饰，有中心用青花线条勾筋并加点蕊，外加三组含苞待放梅花环绕组成大梅花纹，也有四片花瓣紧抱花心的小梅花纹，蓝白相映、高雅别致，堪称康熙民窑精品中佳作。

康熙　青花夔龙纹罐
高：17cm、口径：3.7cm、底径：6.5cm／中晚期／故宫博物院藏

　　直口短颈，圆肩鼓腹，腹以下渐敛，附直壁宝珠形钮圆盖，造型典雅高贵，华美绝伦。胎质细白坚硬，胎体厚重，制作规整，壁厚均匀，瓷化程度高，釉色呈粉白色，釉面温润细腻，隐隐地闪现一种同"糯米汁"般的光泽，青花用上等"珠明料"，色泽青翠鲜明，莹澈透明，呈典型"宝石蓝"色，底足部露胎无釉，圈足呈滚圆的"泥鳅背"状，釉底面署青花"大清康熙年制"六字两行楷书款，是中锋运笔，笔锋雄健有力，极为规整。器盖饰缠枝朵花纹，底部饰变形莲瓣纹，框内绘有八组一对小夔龙纹，尾部相连。器腹一周绘有变形双夔龙纹，夔龙首尾相追，图案突出龙首的写实派描绘，其余在连贯之中达到曲线美和动态美，留白而突出主饰。纹饰简洁精美，线条流畅柔和，布局疏密相间，给人以清雅优美的艺术享受，不愧为康熙朝宫廷中御用器物。夔龙纹是商周青铜器纹饰之一，夔是古代传说中一种像龙的独脚怪兽，有前足而无后足，自前足之后均化作卷起的花枝状，后逐渐演变为几何图形化的装饰纹样。

康熙　青花（开光）团龙、团龙凤纹罐
A：高：22cm，口径：9.5cm，底径：12cm／中期
B：高：20cm，口径：9.0cm，底径：9.5cm／中期

　　敛口短颈，溜肩圆腹，腹下渐敛，A罐附直壁平顶木圆盖，形制规整圆实。口缘足沿部露胎无釉，胎质坚致，胎体厚重，瓷化程度好，釉色呈硬亮青色，釉面坚硬温润，具有玉质感，青花A罐呈深蓝色，B罐呈纯蓝色，色泽深沉浓艳、青翠淡雅，底部是内凹圈足，足沿光滑细腻，B罐呈内直外斜削式平削状（a），底部面署青花"大明嘉靖年制"六字三行楷字仿明寄托款（b），字体工整秀逸，有旋削纹及细小缩釉点。器物颈部一周A罐饰三角纹，B罐饰折枝变形莲纹，中间书写四个篆体"寿"字纹相隔，胫部一周饰杂宝纹，B罐中间是竖直的瓜楞状条纹，器腹四面圆形开光绘有A罐团龙纹，B罐团龙凤纹，龙为张牙舞爪，龙身"弓"字形卷曲，威武雄壮凶猛，间饰火珠纹、如意云纹和"山"字形火焰纹，凤为鸡首细目，长颈鳞纹，展开双翼，凤尾飘动，间饰如意云纹，A罐底部绘有青花地海水山石纹，用一片白色海浪的气势，衬托出团龙的威武，纹饰清晰、勾描精细，笔力酣畅，密而不乱，留白规整，清新秀丽，龙凤纹是我国流行吉祥如意图案，是康熙朝民窑中精品器物。康熙朝的龙纹多为三角眼，侧面头像，形态凶猛，到中期后瓷器上突然出现一种尾巴呈秃顶状的龙纹（见正面龙纹图），叫秃尾龙，据称该龙可以兴风作浪，打雷降雨，深受百姓爱戴，所以秃尾龙出现代表着满族新政权的圆满建立，成为清朝统治者昭示王朝更替的一种有力宣传工具。

康熙　青花凤纹小罐
A. 高：15.0cm、口径：3cm、底径：6cm／中期
B. 高：14.2cm、口径：4cm、底径：6cm／中期

　　小口长／短颈，溜肩长圆腹，腹下渐收，内凹圈足，B罐附平顶圆盖，形制规整圆润。口缘足沿部露胎无釉，B罐有火石窑红，胎质坚硬，胎体厚重，瓷化程度好，釉面匀净细润，有玉质感，釉色呈粉白色，青花用国产浙料，A罐呈翠毛蓝色，色泽明艳翠丽，B罐呈深蓝色，色泽浓艳泛紫，圈足呈"泥鳅背"状，釉底面有极细旋削纹。器腹绘有双凤首尾追逐之势，间饰火焰"山"纹与云纹，B罐饰杂宝纹相隔，凤首如鸡头，口啄瑞草，下额须发，凤眼细长，颈如花枝细长而弯曲，身躯圆润饰麟片，锯齿状尾翼长而飘曳，有两条细长腿，凤翼为圆弧形向头部倾斜，由外向内依次渐短，勾描细腻，笔法流畅，动感强烈。凤凰是传说中的一种瑞鸟，是四灵之一，百禽之王，代表高贵吉祥之意，是康熙朝民窑中普通器物。

康熙 青花饕餮纹罐
高：16cm／口径：3.8cm、底径：7.5cm／中晚期／故宫博物院藏

　　直小口短颈，溜肩腹硕圆，腹以下渐敛，附宝珠式钮半圆形盖，与器身造型和谐统一，给人以端庄优美之感。胎骨洁白细润，胎质细硬，胎体厚薄均匀，瓷化程度好，釉色呈粉白色，釉面精细温润，胎釉结合紧密，具有玉质感，青花用云南的"珠明料"，呈翠毛蓝色，色泽明艳翠丽，色调清晰明快，制修胎规整，足沿部露胎无釉，圈足呈滚圆的"泥鳅背"状，釉底面署青花"大清康熙年制"六字两行楷书款。盖面饰一圈点珠和莲瓣纹，器腹上、中、下部通体一周绘有对称组合排列的几何纹与饕餮纹，几何纹以点、线、面组成的类似几何学图形的纹饰，饕餮纹亦称"兽面纹"，是古代青铜器上常用的纹饰，饕餮本为神话传说中的一种贪食凶猛的恶兽，人们称"贪财为饕，贪食为餮"。器腹中间的主题是饕餮纹饰，以脸部中间鼻为分界斜眼，脸面用云雷纹装饰，四周用几何纹相隔，纹饰竭力追求古代悠远、神秘的意境。图案布局与造型达到完美结合，绘画精细工整，渲染层次分明，是典型的康熙朝清宫用瓷。

康熙　青花（开光）花卉／山水人物纹大罐
高：36.8cm、口径：12cm、底径：18cm／中期

　　直口短颈，溜肩长弧腹，腹下渐敛，附宝珠形钮圆盖，造型修长秀美。口缘足沿部刮釉露胎，胎质坚细，胎体厚重，瓷化程度好，制修胎规整，釉色呈硬亮青色，釉面匀净细润，胎釉结合紧密，青花呈纯蓝色，色泽纯净青翠，明净浓艳，腹内部和釉底面呈粉白色，内凹圈足呈滚圆的"泥鳅背"状。器盖顶面饰杂宝纹，盖侧面饰青花地组合纹（如意、篦纹），器物颈与胫部饰青花地留白小朵梅花纹，四组上下相对的云肩纹内绘有青花地留白缠枝菊花纹、如意云纹，器腹四面长条形开光内绘山石花鸟纹和山水人物纹，开光之间绘有青花地留白钱纹。花卉纹：在湖石旁有几枝花卉，枝叶舒展流畅，盛开花朵怒放，小鸟在枝头上鸣唱，用写实渲染等技法描绘，布局疏密得体，用笔工细严谨；山水高士人物纹：有二位高士在山间溪流小道中漫游，童子执琴相随，四周有茅舍和古树衬景，远山、溪水用浅淡渲染，近石留白用斧劈皴擦，使整个画面有层次立体感，意境清幽高雅，是康熙朝民窑中精品。汉语辞典中，"高士"解释为"志行高尚之士，"古代多指隐士，他们往往清高不仕，隐居山野，山水高士人物纹描绘就是这个意图。

❸罐

❹罐

康熙　青花山水人物纹罐（一）
A：高：25.5cm、口径：9cm、底径：13cm/中期
B：高：21.0cm、口径：9cm、底径：12cm/中期

❹罐腹开图

　　造型端庄规整，敛口短颈，溜肩圆腹，腹下渐敛，内凹圈足，附平顶木圆盖。口缘足沿部刮釉露胎，胎质细腻坚致，胎体厚重，施有硬亮青釉，釉面坚硬细润、白中闪青色，青花A罐呈深蓝色，B罐呈黑蓝色，色泽深沉明快，圈足光滑呈"泥鳅背"状。器物颈和胫部一周各饰城墙纹，器腹A罐通景绘有山水人物纹（携琴访友图等），B罐四周饰青花地冰裂梅花纹，二面方形大开光内绘有山水人物纹（渔家人物图等），远景平涂色泽浅淡，近景山石陡峭，色泽浓郁恰似斧劈，山石转折处光感较强，江水用直线勾描，画面中有屋舍和古树依山傍水，巨岩下高士携琴访友，江中一叶小舟漂荡，大雁南飞太阳高挂等自然景物。用斧劈皴等技法描绘，构图舒展大方，线条硬朗分明，在器物上描绘出一幅山清水秀的中国山水画，是康熙朝民窑中精品。"携琴访友"讲的是春秋时期的晋国大夫俞伯牙擅长鼓琴，钟子期善识其音，两个知音朋友之间的携琴互访，后来钟子期死后，俞伯牙感到再无知音，遂砸碎了琴再不操弹，这就是千古流传的"俞伯牙摔琴谢知音"的美话，而携琴访友就成了古代文人雅士交友的代名词。

康熙　青花山水人物纹罐（二）
A：高：22cm、口径：8.5cm、底径：13cm／中期
B：高：20cm、口径：8.0cm、底径：12cm／中期

　　敛口短颈，A罐溜肩、B罐丰肩圆腹，腹下渐收，形制端庄圆实。口缘足沿部露胎无釉，胎骨细腻，胎质坚硬，胎体厚重，瓷化程度好，釉色呈粉白色，釉面纯净细润，青花采用浙料，A罐呈纯蓝色，色泽青翠亮丽，B罐呈灰蓝色，色泽淡雅灰暗，底部为内外斜削式圈足，呈滚圆的"泥鳅背"状。器腹通体绘有山水人物图，奇峰叠嶂，飞瀑流泉，古树参天，茅庐亭子和宝塔耸立在堤岸江湖边，一派生机勃勃自然景象。A罐绘有高士图，有二位老翁徜徉于山间小道和对立持杖待渡，虽寥寥几笔，人物形象简洁明快传神，用斧劈皴等技法描绘，线条硬朗流畅，多层次有阴阳面，富有真实感，把大自然山水描绘得出神入化；B罐绘有渔家图，有一群大雁列队南飞，一位渔翁拿着篙杆撑船，小舟荡漾在江水中，大有"一人独占一江"之意，用渲染等技法描绘，画风自然生动，但质感不强，缺少A罐画面上雄浑之感。构图饱满，意境悠闲，使画面达到远山、近水、人物浑然一体的效果，犹如一幅传统水墨山水国画的韵味，A罐是康熙朝民窑中精品，B罐是康熙朝民窑中普通器物。

康熙　青花山水人物纹小罐
高：10.5cm，口径：3.2cm，底径：6.2cm／中期

　　小口短颈，溜肩圆腹，腹下渐敛，附平顶木圆盖，形制精美圆实。口缘足沿部露胎无釉，胎质洁白坚致，胎体厚重，瓷化程度好，制修胎规整，釉色呈硬亮青色，釉面匀净细润，青花呈纯蓝色，色泽浓艳娇翠，清新明快，底部是内凹圈足，呈"泥鳅背"状。器腹一周绘有山水垂钓人物图，山石与茅屋等用皴染等技法描绘，树木与江水用细线勾描等技法描绘，层次质感强，春江独钓人物形象有清初简笔画的遗风，呈轻勾淡描，却有的传神，太阳孤零零地挂在天空上，周边空白开阔。构图疏密得体，线条自然流畅，渲染层次清晰，反面图表达了当时古人远离政治、逃避现实生活的心态；正面图显示了大自然山水风光之美。

　　罐方唇，平沿敛口，弧肩长圆腹，腹下渐敛，附直壁微弧平顶圆盖（第七章
已介绍），造型秀美饱满。口缘足沿部刮釉露胎，胎质坚密，胎骨细白，胎体厚重，
瓷化程度高，釉色呈硬亮青色，釉面坚硬细润，胎釉结合紧密，有玉质和光亮感，
青花用浙料，呈纯蓝色，发色娇翠欲滴，明净艳丽，底部是内凹圈足呈"泥鳅背"
状，底部面署青花双圈杂宝纹的图记款（a），有磕伤（b）和窑裂（c）等现象。器
物颈部内圈饰青花地缠枝半菊纹宽带，外圈为卷云纹花边和双圈弦纹，胫部饰一
道青花地缠枝半菊纹宽带，器腹回纹锦地四面开光内对称分别绘有雄鸡牡丹和博
古图：有一只长尾雄鸡立于洞石之上，顾盼鸣叫，周围盛开牡丹花朵中有喜鹊、蝴
蝶飞舞等；有方觚插荷花、宝鼎和香炉、琴棋书画等宝物，间饰以笔锭和古钱、方
胜和艾叶等杂宝。渲染分水技法娴熟，层次质感极强，笔致工细严谨，布局疏密
得体，花鸟生动传神，博古清雅高洁，辅助纹饰丰富，线条细密而流畅，画面蓝
白相映，具有极高艺术欣赏价值，是一件颇具气派的康熙时期作品，能与官窑器
相媲美。

康熙　青花雉鸡牡丹纹罐
高：22cm、口径：8cm、底径：12cm／中期

　　井口短颈，溜肩长圆腹，腹下渐收，圈足釉底，形制规整圆润。口缘足沿部露胎无釉，胎质洁白坚密，胎体沉重，瓷化程度高，釉色呈粉白色，釉面纯净细润，胎釉结合紧密，青花呈青蓝色，色泽浓艳娇翠，圈足呈滚圆的"泥鳅背"状。器腹通体绘有山石、雉鸡、牡丹、桃花纹，正面绘雉鸡栖息于洞石之上，翻转头部，状如鱼骨的尾羽飘曳，神形兼备，双犄牡丹勾边留白渲染，盛开花朵硕大饱满。反面绘一株桃树，树干劲曲，五瓣花朵簇拥盛开，叶片圆润而尖，周围绘有山石、太阳、兰花、蝙蝠、蝴蝶纹等衬景点缀。用分水皴等技法描绘，阴阳层次面渲染逼真，有立体真实感，线条流畅细腻，具有较高的艺术欣赏价值，是康熙朝民窑青花盖罐中精品佳作。雉鸡纹描绘在瓷器上不早于元代，雉鸡通称野鸡，雄者羽色美丽、尾长，古人称雉鸡有文、武、勇、仁、信五德，整个画意是指在康熙朝社会稳定下，士大夫们享受着荣华富贵安逸的生活。

康熙 青花（开光）花卉、山水纹大罐
A：高:50cm、口径:12cm、底径:18cm／中期／土耳其伊斯坦布尔托卡皮皇宫博物馆藏（Topkapisarayi）
B／C：高:48cm、口径:15cm、底径:18cm／中晚期／好玩堂藏

直口短颈，溜肩长弧腹／直圆腹，腹下渐敛，内凹圈足，B／C罐附葵口折沿、拱圆面、宝珠式钮圆盖，A罐修长形稳重，B／C罐冬瓜形端庄，罐体形体硕大，给人一种大气典雅之感。A罐口缘外部和B／C罐口缘内部及足沿部都刮釉露胎，胎质细腻坚密，胎体厚重，瓷化程度高，制修胎精细，釉色呈青白色，釉面纯净温润，胎釉结合紧密，青花A罐呈正蓝色，B／C罐呈深蓝色，色泽浓艳深沉，圈足光滑细润呈宽厚"泥鳅背"状，B／C罐釉底面心署青花秋叶纹的图记款。器物A罐颈与胫部饰青花地留白小朵花卉纹，四组上下相对的云肩纹内饰青花地留白缠枝菊花纹和如意云纹，A罐器腹四面长条形开光内对称绘有两组牡丹和桃花纹，B／C罐器腹六面槽形上、中、下部开光内绘有牡丹、梅花、山水纹等，各开光边饰蔓草纹，花卉纹：在洞石旁，有盛开牡丹花、桃花、梅花等，花朵饱满圆润，花丛有小鸟在相顾鸣叫和蝴蝶翩翩起舞；C罐绘有三面山水纹：有高山湖水，树木茂盛，湖中小舟飘荡，乡村中茅舍人家，高士访友等自然山水风光图。用勾染等技法描绘，纹饰层次丰富，绘工精细自然，寓意富贵长寿、清新高雅、天下太平，为康熙朝外销瓷中精品。外销瓷是指在中国生产，专门销往国外的陶瓷器，自唐代开始，中国瓷器便代代有外销贸易，而明清两朝景德镇生产的青花瓷为最大宗，外销瓷中的纹饰和器形等，除了选用我国传统特色的种类之外，还有许多是根据国外需求定制的，以符合当地的生活习俗和审美情趣，所以外销瓷是一件"中西合璧"完美结合的器物。

康熙　青花花卉纹罐
A：高：24cm，口径：9cm，底径：13cm／中期／杭州六和文物商店藏
B：高：22cm，口径：9cm，底径：12cm／中期
C：高：19cm，口径：8cm，底径：11cm／中期

　　A罐直口长颈，B／C罐敛口短颈，溜肩圆腹，腹以下渐收，B罐附半圆形宝珠式钮木圆盖，C罐附直壁微弧平顶圆盖，造型秀美、圆实、稳重。口缘足沿部刮釉露胎，胎质细白坚密，胎体厚重，瓷化程度高，制修胎规整，釉色呈硬亮青色，釉面清亮细润，胎釉结合紧密，青花A／B罐呈纯蓝色，C罐呈深蓝色，色泽青翠艳丽、深沉浓郁，B／C罐底部是内凹圈足，呈滚圆"泥鳅背"状，A罐底部是内外斜削平切式浅圈足（a），底部面有极细旋削纹（b）和三圈款（c）。器物颈、胫部上下各一道饰单／双圈弦纹，中间饰缠枝花卉纹和锦地开光花朵纹，底部再饰一圈几何纹，A／B罐十组上下相对的云肩纹内绘有青花地留白缠枝莲花纹，器腹中部绘有两组对称折枝牡丹纹与把莲纹，有折枝三朵盛开牡丹花纹，花朵饱满圆润，枝叶舒展生动；将折枝莲花和莲叶等扎成束状，莲花饱满盛开，荷叶卷曲硕大，C罐上和下部有小鸟飞翔，动感强烈。花卉排列有序，层次丰富生动，用勾染等技法描绘，画面清晰流畅，主题和辅助纹饰和谐统一，给人以清新之感，寓意"一路连科、荣华富贵"，B罐是康熙朝民窑中精品。牡丹纹饰出现在瓷器上最晚不超过宋代，牡丹是著名的花卉，有"国色天香"之称，唐代刘禹锡《牡丹》诗云："唯有牡丹真国色，花开时节动京城"；莲花又叫水芙蓉等，唐代李白诗云："清水出芙蓉，天然去雕饰"，比喻亭亭玉立、纯洁高雅的美丽女子。

反面

康熙　青花牡丹纹盖罐
高：22.5cm、口径：8.5cm、底径：13cm／中期

正面

敛口短颈，溜肩圆腹，弧腹下渐收，形制饱满圆实。口缘足沿部露胎无釉，胎骨细白，胎质坚硬，胎体厚重，制胎规整，釉色呈粉白色，釉面纯净温润，胎釉结合紧密，具有玉质感，用国产上等浙料，青花呈纯蓝色，色泽淡雅明快，呈色稳定，底部是内凹圈足，圆润光滑呈"泥鳅背"状。器腹正面山石中绘有几株牡丹、玉兰花，朵朵盛开牡丹，圆润饱满，而盛开玉兰花如灯盏，花朵都为层层渲染，层次质感强，反面上部绘有延伸的牡丹花纹，中部绘有硕大荷叶，有一个桃形开光内绘"海屋添筹"纹，底部绘有方框锦纹、菊花纹等衬景。构图奇巧，形式新颖，笔绘细致，勾线流畅，寓意"玉堂富贵"、"延年益寿"等，是康熙朝民窑青花花卉纹饰中的一件代表佳作，与官窑瓷相差无几。苏轼《东坡志林·三老语》记载"海屋添筹"的故事，讲的是有个人他计算自己年龄的方式：每一次沧海变成桑田时，他都拿一根筹码放在屋里，后人多用于祝寿的颂词。

康熙　青花花卉纹大、中罐
A/B：高：22cm、口径：3.5cm、底径：7cm/ 中晚期
C：高：18cm、口径：3.0cm、底径：6cm/ 中晚期
D：高：16cm、口径：2.8cm、底径：5cm/ 中晚期

　　造型挺拔、修长、俊秀，敛口长颈，溜肩长圆腹，腹下略收，圈足釉底，附直壁微弧平顶圆盖。口缘足沿部刮釉露胎，胎质细白、坚硬，胎体厚重，瓷化程度高，成形规整，釉色呈硬亮青色，釉面纯净细润，用国产浙料，青花呈纯蓝色，色泽青翠浓艳，圈足呈"泥鳅背"状。盖顶面饰花朵纹，盖侧面饰璎珞纹和几何纹，器物颈部饰城墙纹和花卉点纹，胫部饰三角形纹和双圈弦纹。器腹A/B罐数个开光内绘有花卉纹、花篮纹、锦地纹，有倚石生长的桃树，有插放着牡丹花的提花篮，四周还有各种花卉纹点缀；C/D罐上下相对的云肩纹内绘有青花地留白缠枝花卉纹，中间绘有一朵折枝花，D罐花卉间有几何方形纹点缀。用勾染等技法描绘，绘工不很精细，但线条自然流畅，分水层次感强，A/B罐纹饰清晰丰富，C/D罐纹饰清新淡雅，各有韵味。以上器物都为外销瓷，虽然纹饰风格是康熙朝式，但纹饰布局还是有区别的，器形按欧式及阿拉伯式风格制作，以哥特式建筑修长挺拔为美，器物当作家庭的陈列瓷摆放在橱柜或壁炉上，以显示出富丽堂皇的华贵之气，象征所拥有者的地位。清三代外销瓷当时出口量较大，器物充分表现了中西方文化的完美结合，今天这些外销瓷已成为世人珍爱的艺术品。

康熙　青花松竹梅纹罐（岁寒三友）
A：高：21.0cm、口径：8cm、底径：11cm／中期
B：高：18.5cm、口径：7cm、底径：10cm／中期

　　敛口短颈，溜肩圆腹，弧腹下渐敛，B罐附平顶圆盖，形制规整圆实。口缘足沿部露胎无釉，胎质洁白、细腻、坚硬，胎体薄厚均匀，修胎仔细，釉色呈粉白色，釉面纯净润泽，青花呈纯蓝色，色泽青翠艳丽、淡雅宜人，底部是内凹圈足，足沿露胎处光滑呈滚圆的"泥鳅背"状，底釉面有双圈款。器腹主题纹饰为"岁寒三友"图即松、梅、竹纹，在山石中有一／二棵苍老松树向上伸展，松树苍翠茂盛，松针圆形繁密，梅枝虬劲盘曲，梅花小巧俊俏，内有青花点蕊，争奇吐艳，竹叶细长，随风飘曳，间以栏杆纹和山石纹点缀。画面疏密得当，舒展错落有致，用勾染皴擦等技法并用描绘，线条自然流畅，笔画苍劲娴熟，纹饰纤细清晰，艺术成就颇高，具有传统水墨国画的韵味。松、竹、梅三友图画意高雅清新，松有长青不老，以静延年，竹有君子之道，虚心向上，梅有冰肌玉骨，傲然群芳，暗喻做人的原则和人格的追求，象征文人高尚气节，是清代瓷器上十分流行的装饰纹。

康熙　青花月影玉兰纹罐
高：23cm、口径：9cm、底径：14cm／中期

　　井口短颈，溜肩长圆腹，弧腹下渐敛，附直壁平顶圆盖，形制端庄圆实。口缘足沿部露胎无釉，胎质坚实细密，胎体厚重，腹部内见拉坯时留下的旋胎痕迹，瓷化程度高，釉色呈粉白色，釉面匀净滋润，采用月影装饰笔法，以青花块面为地，即在白描纹饰周围渲染蓝色青料，色泽浓艳娇翠，层次分明，底部是内外斜削式圈足呈滚圆的"泥鳅背"状。器物颈部饰一周带状"人"字形箆纹，器腹绘有月影玉兰纹，底部山石中绘有小竹，竹叶摇曳多姿，一株玉兰树分两枝干，由下向上伸展，遒劲盘曲，枝干以浅淡青花渲染并勾线细描，上有排列盛开的玉兰花，如一盏盏明灯，婀娜多姿。构图疏密有序，线条纤细流畅，特别是色地青花蓝白相映，尤显月影扶疏，玉兰洁白的装饰效果，为康熙朝民窑中精品。

面
一

面
二

康熙　青花莲池纹罐
高：22cm、口径：8.3cm、底径：13cm／中期

展
开
图

　　上口缘较高，露胎无釉，溜肩圆腹，腹下渐敛，形制圆润秀美。胎质洁白而坚致，胎体厚重，瓷化程度高，釉色呈粉白色，釉面细密温润，具有玉质感，青花呈纯蓝色，色泽淡雅清丽，发色稳定，圈足无釉细腻呈滚圆的"泥鳅背"状，底部面有极细旋削纹和双圈款。器物颈和胫部分别饰参差席三角形纹和双圈弦纹。器腹绘有两组莲池纹，左右上方各有一朵硕大而翻卷的荷叶，正中也有一朵展开的荷叶，上部有盛开的莲花，莲瓣中含有莲蓬，下部有三朵待放的莲花，四周有细长水草和含苞莲蕾生长在水池中摇曳生姿。用勾染等技法描绘，纹饰动感强烈，优雅大气，渲染层次分明，有目不暇接之感，精细舒畅之作不逊于官窑器物，将盛夏莲花一派生机盎然的自然景色表现得淋漓尽致，是康熙朝民窑中精品。世世传诵的"四爱图"之一，宋代周敦颐在其《爱莲说》中写到"予独爱莲之出于淤泥而不染，濯清涟而不妖，中通外直，不蔓不枝，香远益清，亭亭净植。可远观而不可亵玩焉……莲，花之君子者也"，莲花是中国文人士大夫永恒的艺术主题，又是佛教中无比高尚的艺术象征。

康熙 青花（开光）四季花卉纹罐
高：21cm、口径：8cm、底径：10cm／中期

b

大
明
成
化
年
制

a

　　井口短颈，溜肩长圆腹，弧腹下渐收至底部，内凹圈足，形制端庄圆润。口缘足沿部露胎无釉，胎质细白坚致，胎体厚重，瓷化程度好，制修胎细致，釉色呈粉白色，釉面洁净细润，具有玉质感，用国产浙料，青花呈深蓝色，色泽浓艳深沉，呈色稳定，圈足呈内外斜削式滚圆的"泥鳅背"状（a），釉底面署青花双圈"大明成化年制"三行六字楷书仿明寄托款（b），字体规范端正。器物颈、胫部一周饰四朵折枝花卉纹，器腹是竖直的瓜楞状条纹，四面圆形开光分别绘有牡丹、梅花、菊花、莲花纹。正面山坡上有几株双犄形牡丹，花朵饱满怒放，一只蝴蝶起舞；山石中有两株梅树，梅枝遒劲，有盛开、待放梅花簇拥，一只小鸟在四处观望（图一）；几株菊花向上伸展，花朵浑圆，花瓣细长，呈放射状，用山石、蝴蝶纹衬景（图二）；硕大的荷叶上托着盛开的莲花，莲花饱满，四周用水草、水波纹点缀（图三）。画工生动细腻，线条自然流畅，分水层次清晰，牡丹、莲花、菊花、梅花分别代表一年四季，唐张蟒诗"四季多花木，穷冬亦不凋"，寓意"四季花开，岁岁平安"，是康熙朝民窑器物。

康熙　青花团花纹罐
高：22cm、口径：8cm、底径：11cm／中晚期

　　造型浑圆端庄，敛口短颈，溜肩圆腹，腹以下渐收。口缘足沿露胎无施釉，胎质洁白坚致，胎体厚重，釉面纯净细润，釉色呈粉白色，胎釉结合紧密，青花呈纯蓝色，色泽青翠浓艳，底部是内凹圈足呈滚圆的"泥鳅背"状。器物颈与胫部分别饰杂宝纹，器腹有竖直的瓜棱状条纹，绘有三组团花纹饰，每组团花纹由大菊花居中，四周用折枝菊花和枝蔓花叶环绕组成圆形状，勾线填色准确，绘工细致清晰，四周留白而突出纹饰，追求自然随意的画风，给人以清雅秀美的艺术感受，寓意幸福、团聚、吉祥，是康熙朝民窑器物。

康熙　青花冰梅纹大罐
高：22.5cm、口径：9cm、底径：12.3cm／中晚期／英国维多利亚和阿尔博特国立博物馆藏

直口短颈，丰肩鼓腹，弧腹下渐收，覆钵形盖，器形曲线优美，造型饱满秀美。胎体沉重，胎质细腻，胎骨坚硬，瓷化程度好，制修胎精致，釉色呈硬亮青色，釉面细硬滋润，胎釉结合紧密，具有玉质感，青花呈纯蓝色，色泽浓艳青翠，底部是圈足釉底，足沿部露胎无釉，圈足呈滚圆的"泥鳅背"状。器物颈部饰一周带状"人"字形篦纹，盖面及器腹绘有青花冰裂梅花纹（用深色青花料画线状冰裂纹，再用稍浅色青花料渲染，为冰裂大小片状青花蓝地，留白处为梅花纹饰，通体内外面施罩一层硬亮青釉，入窑高温一次烧成，又称为反青花），正面有一株折枝梅花，梅花争奇吐艳，梅枝极为瘦劲，有盛开的大梅花，花分五瓣较为肥润，用极细的青花线条勾筋并加点蕊，也有含苞待放的花蕾，花瓣紧抱花心，四周绘有小折枝梅花间隔。纹饰清晰明快，画法工整精细，用笔刚劲有力，线条自然流畅，蓝白相映，显示出寒梅吐艳的芬芳，康熙朝青花冰梅纹是最有格调的，具有极高的艺术水准，此盖罐是康熙朝外销瓷中精品。

康熙　青花冰梅纹罐
A、B、C：高：21.1cm、口径：9cm、底径：12.2cm／中期／福州市博物馆藏

　　罐方唇，平沿敛口，弧肩圆腹，长腹下渐收，A／B罐附直壁平顶圆盖（第七章已介绍），器形饱满圆浑。口缘足沿部刮釉露胎，胎质洁白、坚硬，胎体沉重，腹内部有旋胎痕，瓷化程度高，釉色呈硬亮青色，釉面清亮莹润，青花呈纯蓝色，色泽青翠浓艳，部分釉表面上见有水印指捺痕（青花渲染时留下陶工手指印的痕迹），圈足呈滚圆的"泥鳅背"状，釉底部面有极细旋削纹和青花双圈款。A／B罐颈部饰一道双圈弦纹，C罐颈部饰一圈涡纹，盖面和器腹满绘冰梅纹（用青花浓料绘大小片状冰裂纹片，再以青花淡料分水渲染，为冰裂状青花蓝地，留白处为梅花纹，通体施罩有一层硬亮青釉入窑高温一次烧成，又称为反青花），有四组梅花环绕四朵盛开梅花构成一组大朵梅花纹，还有待放梅花与五瓣梅花组成小朵梅花纹，花朵瓣饱满圆滑，花心用极细青花线勾筋，（A／C罐）是勾点花蕊，（B罐）是加花心。纹饰清晰明快，线条自然流畅，蓝白相间映，色彩鲜明夺目，尤显寒梅争奇吐艳芬芳，颇有"疏花个个团冰雪，羌笛吹他不下来"的意味，这种冰梅纹是康熙朝创制，以上盖罐都是康熙朝民窑中精品。

清三代青花盖罐

康熙　青花冰梅纹小罐
高：13.8cm、口径：4.2cm、底径：6.6cm／中期
／南昌市博物馆藏

　　直口短颈，溜肩长圆腹，弧腹下渐敛，内凹圈足，附直壁平顶圆盖，形制规整稳重。口缘足沿部露胎无釉，胎骨细白，胎质坚致，胎体厚重，瓷化程度好，釉色呈硬亮青色，釉面清亮细润，胎釉结合紧密，青花呈深蓝色，色泽深沉浓艳，圈足打磨呈滚圆的"泥鳅背"状，底部面有极细旋削纹和小棕眼。盖面中心饰白色梅花，外缘饰青花下垂变体莲瓣纹。器颈部饰一周带状"人"字形篦纹，腹部绘有白色梅花纹及蓝色青花冰裂纹（用青花浓料画冰裂纹，以青花淡料略加渲染，为冰裂大小片状青花蓝地，通体施有一层硬亮青釉，入窑高温一次烧成，又称为反青花），有勾线留白五瓣梅花，花朵内勾点花蕊，梅花之外另有三组小梅花环绕组成大梅花纹，也有勾线留白四片花瓣紧抱花心的小梅花纹。纹饰自然生动，画工不甚细腻，渲染层次清晰，蓝白相映，给人以清新高雅的艺术享受，为康熙朝民窑青花盖罐中上乘之作。北宋诗人林逋《山园小梅》诗："疏影横斜水清浅，暗香浮动月黄昏"的美好意境，表现出梅花的神清骨秀、高洁端庄、幽独闲静的气质风韵。

康熙　青花冰梅（开光）博古纹罐（一）
A：高：24cm，口径：10cm，底径：13cm／中期
B：高：22cm，口径：9.0cm，底径：12cm／中期

　　罐口内敛，短颈溜肩，圆形腹，腹下渐收，A罐附平顶圆盖，形制饱满圆实。口缘足沿露胎无釉，胎质细腻坚致，胎体厚重，釉色呈硬亮青色，釉面清亮莹润，玻璃质感强，青花呈纯蓝色，色泽青翠浓艳，底部是内凹圈足，呈滚圆的"泥鳅背"状。器腹用三面海棠形开光技法绘有瓶插翎毛与菊花、香炉、宝鼎、如意、玉书、几架等博古，周围绘有杂宝如方胜、火珠、祥云等点缀，画工精细，线条流畅，分水层次清晰，寓意清雅高洁。四周绘青花冰裂梅花纹（用青花浓料画冰裂纹，淡青花料略加渲染，为冰裂大小片状青花蓝地，通体施有一层硬亮青釉，入窑高温一次烧成，又称为反青花），有勾线留白五瓣梅花，内有青花勾筋并加点蕊，梅花之外另有三组小梅花环绕组成大梅花纹，也有五片花瓣紧抱花心的小梅花纹。冰裂梅花图案，创始于康熙朝，而该朝青花冰裂梅花纹是最具有格调的，艺术成就颇高，既有用于边饰，也用于主体纹饰，以民窑器物居多，表现了梅花不惧冰雪严寒的品格。

康熙 青花冰梅（开光）博古纹罐（二）
高：20cm、口径：7.8cm、底径：10.5cm／中期

　　敛口短颈，溜肩圆腹，腹下渐敛，内凹圈足，附直壁平顶圆盖，形制端庄圆实。口缘足沿露胎无釉，胎骨细白，胎质坚硬，胎体厚重，釉色呈粉白色，釉面匀净细润，用国产的浙料，青花呈淡蓝色，色泽清丽淡雅，圈足露胎处光滑细腻呈"泥鳅背"状。盖面和颈与胫部分别饰冰梅纹（白色梅花纹／蓝色青花冰裂纹），器腹是竖直的瓜棱状条纹，三面圆形开光绘有博古、杂宝纹饰（有瓷瓶、香炉、书画、火珠、卷书、宝壶等），四周留白而突出主题。画面博古和杂宝随意组合，布局疏密相间，线条纤细流畅，分水技法娴熟，层次分明清晰，画工较为细致，蓝白相映，极为醒目，给人以清新高雅的艺术享受，是康熙朝民窑中精品。博古纹饰由宋《宣和博古图》一书而得名，全书三十卷，著录宋徽宗宣和内府所藏商至唐代铜器839件，因集宋代所藏青铜器之大成，故名博古，后来博古一词的含义有所扩大并加以引申，凡是在工艺品上装饰鼎、尊、瓷瓶、书画等器物的图案，均称为博古，寓意清雅高洁。

康熙　青花（开光）博古／梅花纹大罐
高：53.3cm、口径：14cm、底径：20cm／中期

　　直口长颈，溜肩长圆腹，腹以下渐收，附平顶圆盖，造型修长挺秀，器形没有丝毫的笨拙感。胎骨细腻，胎质坚致，胎体沉重，腹部内有接痕和旋胎痕，釉色呈青白色，釉面匀净滋润，胎釉结合紧密，青花用浙料呈深蓝色，色泽浓艳深沉，足沿部露胎无釉，圈足呈滚圆的“泥鳅背”状。因该器物为大罐，为了打破画面上的单调感，用分数面开光的技法描绘图案，器腹与盖面在每个小圆形开光内绘有博古纹，有香炉与几案、如意与花瓶、宝鼎等文房摆件，寓意清雅高洁。在每个方菱形、梅花形等开光内绘梅花纹，在山石左侧，有一棵梅树，梅枝遒劲盘曲，梅花繁密簇拥。用勾染皴擦等技法描绘，画工苍劲细腻，线条流畅洒脱，有层次立体感，纹饰清晰饱满，给人以琳琅满目之感，通过有次序的穿插排列，达到密而不凌乱、复而不杂的艺术效果，是康熙朝民窑青花盖罐中一件很有特色的精品。

康熙 青花（开光）人物／博古纹罐
高：25cm、口径：11cm、底径：15.2cm／中期

康部

盖
顶
部

　　造型敦厚圆实，罐方唇，平沿敛口，丰肩圆腹，弧腹下渐收，圈足釉底，附直壁微弧平顶圆盖。口缘足沿部刮釉露胎，胎细瓷坚，胎体厚重，瓷化程度好，制修胎规整，釉色呈硬亮青色，釉面纯净细润，胎釉结合紧密，青花呈纯蓝色，色泽青翠浓艳，圈足宽厚圆润呈平切状，底部面署青花秋叶纹的图记款。器物颈部内圈饰缠枝半菊纹宽带，外圈为卷云纹花边和双圈弦纹，胫部饰缠枝半菊纹宽带和点圈纹，器腹上、下部各饰有对称四组把莲纹、折枝牡丹纹，中间四面菱花形开光内和圆盖顶面绘有博古和人物图，有花觚和香炉、宝戟和灯笼、书画等文房宝物博古器，中间二面扇形开光内绘有书生和房屋、花卉和栏杆等人物故事图。渲染层次清晰，线条古拙有力，图意为"书中自有黄金屋，书中自有颜如玉"，反映了书生所梦寐追求高官厚禄的理想生活。

康熙　青花（开光）桃花／博古纹大罐
高：27.4cm、口径：10.8cm、底径：13.8cm／中期／福州市博物馆藏

　　罐方唇，平沿敛口，溜肩圆腹，腹下渐敛，圈足釉底，形制高大饱满。口缘足沿部刮釉露胎，口沿部磕伤，足沿部有黏附物，胎骨细白，胎质坚硬，胎体沉重，瓷化程度好，制修胎规整，釉色呈粉白色，釉面纯净温润，有脱釉等缺陷，青花呈青蓝色，色泽青翠明快，底部是内凹圈足，呈"泥鳅背"状，器物颈、胫部上下各一道饰双圈弦纹，内绘有冰梅纹宽带（用青料画线状冰裂和梅花纹，再渲染梅花纹），四组上下相对的云肩纹内绘有青花地留白缠枝莲花纹，器腹中间四面菱花形开光内分别绘有博古和桃花纹，有宝鼎和香炉，宝鼎中间有"寿"字点缀，琴棋书画等博古宝物，还有艾叶、瑞果等杂宝环绕；在湖石旁边有两株桃树，桃枝劲挺，桃花盛开，花朵内有青花勾线，花叶圆润，小鸟有栖息在枝杆上，也有飞行在花卉中。博古和花卉纹为明清时期瓷器装饰纹样之一，图案简洁朴实，用勾染等技法描绘，绘画不很精细，有古朴厚重之风韵，是康熙朝民窑器物。

康熙　青花（开光）花卉／博古、花卉纹罐
A：高：23cm（26.2cm）、口径：9.5cm、底径：12cm／中期／福州市博物馆藏
B：高：21cm（25.5cm）、口径：9.2cm、底径：12cm／中期

罐方唇，平沿敛口，溜肩圆腹，弧腹下渐收，附直壁微弧平顶圆盖，形制饱满圆实。口缘足沿部刮釉露胎，胎质坚硬、细白，胎体厚重，瓷化程度好，制修胎细致，釉色呈硬亮青色，釉面匀净细润，用国产浙料，青花A罐呈深蓝色，B罐呈青蓝色，色泽深沉浓艳，底部是内凹圈足，呈"泥鳅背"状，釉底面有双圈款。A罐盖侧壁上部饰青花地如意纹，下部饰圆点纹和双圈弦纹，盖顶面外边缘饰双圈弦纹内绘花篮纹，B罐盖顶面蓝色青花地菱花形开光内饰花卉纹，A罐器物颈、胫部饰一周锦地回纹，四组上、下相对的云肩纹内绘有青花地留白折枝桃花纹，器腹中间四面菱花形开光内分别绘有博古和桃花纹；B罐器腹蓝色青花地上中部四面大小对称菱花形开光内分别绘有花卉纹。博古纹：有香炉、宝鼎、书画等博古器，周围有方胜、双钱、花结等杂宝点缀；花卉纹：有一株桃树倚石生长，桃枝上有几朵盛开桃花，花朵内有青花勾线点蕊，花叶舒展肥润，洞石勾线点染留白，边有兰花衬景；B罐上部小开光内分别绘有荷花、牡丹等四季花卉纹。用勾染等技法描绘，博古图布局错落有致，花卉图描绘细致入微，使画面富有装饰趣味，是康熙朝民窑器物。唐·崔护《题都城南庄》诗："去年今日此门中，人面桃花相映红，人面不知何处去，桃花依旧笑春风"，用桃花赞颂女子之美。

康熙　青花（开光）花篮／博古纹罐
A、B：高：25.6cm、口径：10.3cm、底径：14.5cm／中期／福州市博物馆藏

　　造型丰满圆实，方唇平沿，敛口短颈，丰肩鼓腹，弧腹下渐收，浅凹足。口缘足沿部刮釉露胎，B 罐口沿部表面有黏附物（d），胎骨细白，胎体厚薄均匀，腹内有旋胎痕，瓷化程度好，制胎细致，釉色呈粉白色，釉面洁净细润，胎釉结合紧密，青花用浙料呈纯蓝色，色泽艳丽青翠，呈色稳定，圈足圆滑呈"泥鳅背"状，A 罐底部有磕伤（a）和炸底（b）等缺陷，底面有青花双圈款（c）。器物颈、胫部一周饰缠枝半菊纹花边宽带和双圈弦纹，器腹上、下部各饰有对称四组杂宝纹（双钱、卷书、灵芝），腹中用四面开光内对称绘有花篮纹和博古纹，花篮图：一只几案上摆有提花篮，花篮造型古朴，装饰精巧，内插有双犄牡丹、莲花和菊花等花卉；古博图：有觚瓶上插三戟、宝鼎和香炉、书画和蕉扇等博古宝器，有杂宝如艾叶和玉兔、灵芝和花结等点缀。勾描渲染细腻，构图疏密有致，古人将花卉和博古两种题材集于一器物之中描绘，使得原本高雅博古纹，变得富有生气和活力，也是文人追求清高的境界之一，花篮纹在康熙朝最为流行，是指把自然界中的花草植物置于花篮之中装饰在器物上的纹饰。

康熙　青花（开光）博古纹罐
高：18cm、口径：5cm、底径：6cm／中期

　　罐口缘部无颈，溜肩灯笼式腹，腹以下略收，圈足釉底，形制修长俊秀。胎质细白坚硬，胎体厚薄均匀，瓷化程度高，制胎精致，成形规整，釉色呈粉白色，釉面洁净细润，胎釉结合紧密，有玉质感，青花用浙料，呈纯蓝色，色泽纯正淡雅，呈色稳定，底足露胎处洁白细润，圈足滚圆呈"泥鳅背"状，底部面署有青花双圈"大明成化年制"三行六字楷书仿明寄托款，是用中锋运笔，字体工整。器物颈、胫部一周绘有对称缠枝莲纹，由层层花瓣组成半组莲花，两侧各有粗壮枝蔓与花叶环绕，花形壮润，画工精细，勾边填色留白。器腹是竖直的瓜楞状条纹，四面圆形开光绘有博古纹，有花瓶、花觚、书函、古琴、鼎炉、焦扇等博古纹饰，四周留白而突出主题。纹饰细腻清晰，分水技法娴熟，线条纤细流畅，寓意平升三级、功名财富、吉祥幸福，是康熙朝民窑器物中精品。

康熙　青花杂宝博古纹罐
高：21.2cm（23.8cm）、口径：9.5cm、底径：12.1cm／中期／福州市博物馆藏

　　造型圆润秀美，罐方唇，平沿敛口，溜肩圆腹，弧腹下渐收至底，内凹圈足，附直壁平顶圆盖。口沿足沿部刮釉露胎，胎土细白，胎质坚致，胎体厚重，瓷化程度高，釉色呈粉白色，釉面纯净细润，胎釉结合紧密，有玉质感，青花纯蓝色，色泽青翠艳丽，呈色稳定，圈足圆润呈"泥鳅背"状。盖侧壁上下部各饰一道单圈弦纹，中间饰祥云纹和杂宝纹，盖沿一周施酱褐釉，盖顶面外边缘饰双圈弦纹内绘杂宝和博古纹。器腹上下部也各饰一道双圈弦纹，中间绘有杂宝和博古纹，有瓶插桃花、牡丹、珊瑚、翎毛等，香炉与几案、鸟笼与盆景、琴棋书画等博古宝物，四周有艾叶与宝壶、灵芝与花结、笔与锭等杂宝点缀。分水层次清晰，纹饰随意而古朴，画风精工细致，寓意清雅高洁，是康熙朝民窑中精品。

康熙　青花（开光）百寿纹罐
高：21.6cm、口径：8.5cm、底径：12.5cm／中期

　　圆口内敛，短颈浑圆，腹下渐敛，附平顶圆盖，形体饱满圆实。口缘足沿部露胎无釉，胎质洁白、坚致，胎体厚重，腹部内修坯规整，釉层薄呈粉白色，见有刮削旋胎纹和缩釉点，外部表面釉层厚，釉色呈硬亮青色，釉面洁净细润，瓷化程度好，用国产浙料，青花呈纯蓝色，色泽浓艳明快，呈色稳定，底部是内凹圈足，足沿光滑细润，呈滚圆的"泥鳅背"状，釉底面呈粉白色，有细旋削痕及缩釉产生小棕眼。器物颈与胫部饰一周对称三组缠枝菊花纹，器腹三面方形开光内绘有七排每个写法不同篆书的寿字纹，寿字用不同形体篆书书写，篆法古朴规范，字体圆润饱满，变化多端笔法流畅，排列不甚整齐，内有几个草叶纹饰，共有154个寿篆字，组成"百寿纹图案"，字体正中有菊花纹点缀，开光之间用团花纹饰连接，由菊花居中四周枝叶环绕组成圆形。以100多个写法不同的寿篆字作装饰，书法运用得如此娴熟，无一瑕疵，其难度可想而知，百寿纹寓意如南山之寿、长命百岁、万寿无疆之意，是康熙朝民窑中精品。

第一章

康熙　青花百寿纹罐
A：高：21cm、口径：8cm、底径：12cm／中期
B：高：21cm、口径：8cm、底径：12cm／中期

　　罐口内敛，短颈溜肩，圆形腹，腹下渐收，内凹圈足，形制规整圆实。口缘足沿露胎无釉，胎质坚质细腻，胎体厚重，修胎细致，所施透明釉，釉面匀净滋润，呈细润粉白色，胎釉结合紧密，选用浙料，青花呈纯蓝色，色泽艳丽明净，呈色稳定，圈足呈"泥鳅背"状，底部面有细小的缩釉点。器物颈部饰蒲草纹和如意卷云纹，胫部饰变形焦叶纹，器腹绘有六排篆体的寿字纹，共有几百个寿篆字组成纹饰，字体瘦长工整，古朴规范流畅，笔法基本相同，排列组合整齐，又在字体中加几个草叶纹饰，具有鲜明的时代特征。古人把人生的最高追求归结为三个字：福、禄、寿，如果人没有长寿，福禄也就无从谈起，反映出古人对幸福长寿美好的愿望，是康熙朝民窑器物。

康熙晚期（青花盖罐）

　　康熙四十年至康熙六十一年（1701—1722年），社会继续稳定，属于上升时期，人民生活相对安定，朝廷又任命江西巡抚郎廷极兼理景德镇窑事，景德镇御窑厂云集技艺高超的陶工，按朝廷发瓷样和图案烧制器物，生产出官窑器产品，不仅满足宫廷的各种需求，同时也包括对文武大臣的赏赐和对外交使节的赐赠。官窑是在民窑基础上的提炼和升华，其反过来又影响和推动民窑的发展，而一向以节俭为美德的康熙皇帝，在晚期发生了变化，提出"由朴而渐至于奢"的观念。在这样的大环境下，当时景德镇民窑窑场数量激增，民窑瓷器生产日趋繁荣，生产十分活跃，陈设瓷、仿古瓷等品种增多，产品质量逐渐提高，生产数量很大，但质量上要略逊色于官窑器，达到清代民窑青花瓷质量的最高水平，是清代历朝所无法比拟的。此期的青花盖罐胎质细硬，胎薄体轻，瓷化程度更好，釉面纯净滋润，以粉白釉和青白釉（亮青釉、硬亮青釉）为主，胎釉结合紧密，给人以剔透坚硬玉质感，制修胎体细致，底足规整圆滑，圈足呈"泥鳅背"状，青花发色清丽淡雅，器形柔美圆润，纹饰绘工精细等，表现出的风格特征开始逐渐向雍正朝阶段演变，有官窑款的器物明显多于前期，而民窑器物也书写本朝年号款等。以青花盖罐为例介绍这段过渡期的特性：（1）青花色泽从中期浓艳青翠逐渐变为浅淡或深沉，呈色不稳定出现晕散等现象，中期"康青"（翠毛蓝、宝石蓝）的逐渐减少与本期仿古时尚和朝廷对"康青"色不认可有关。（2）构图从中期的顶天立地布局，演变为空间增多，装饰纹饰缩小，绘画精工细致，雍正朝绘风在此期已初显端倪。（3）尤其是器形从中期饱满圆润的风格向饱满圆实的风格变化，如敛口、略丰肩、鼓圆腹、腹以下渐收至底部、内凹圈足，使器形丰满圆实，有一种匀称完美的曲线美，给人以端庄、丰满、柔美之感，具有承上启下鲜明过渡期的特殊韵味，总之康熙朝中晚期生产的青花盖罐充分表现出当时制瓷工艺技术的高超水平，为清代青花盖罐质量之冠。

表3	康熙晚期青花盖罐的特征
胎体	胎土淘洗精细,富有糯性,胎骨洁白、细润,胎质坚致、细硬,与中期比较胎体分量略轻,胎体厚薄匀称,但密度较大,总体上胎体厚重,瓷化程度更高。成形中制修胎细致,特别是镶接成熟、利坯精致,大部分器物腹部内看不出连接痕印,但见有刮／旋胎痕的纹路、缩釉产生小棕眼、鸡爪纹等现象。
釉料／釉面	釉料纯净精细,釉质比中期更坚硬,以中期粉白釉、浆白釉、硬亮青釉为主,粉白釉的釉面匀净细润,呈细白色,浆白釉与中期相同,硬亮青釉的釉面细腻坚硬,呈硬亮青色,前三种釉料釉层比前期坚薄滋润,透明度高,胎釉结合紧密,有剔透坚硬的玉质感,紧披贴骨的光亮感,无早期釉面有棕眼、气泡等窑病。还有早期的青白釉(亮青釉)再度出现,釉质、釉色等特性均有早期痕迹,釉色呈亮青、青白色等,混浊泛青,但釉质坚致,釉面纯净滋润,多数用于民窑器中,为了追求仿古艺术的效果,少数釉面出现桔皮纹。通体内外部表面施有一层粉白、浆白、硬亮青、亮青釉等中一种,有部分器物器身、器底和腹内部用的釉料是不一致的,与前期施二种釉料方法是相同的。
青花	采用国产浙料或珠明料,青料提炼精纯,从中期发色呈青翠艳丽的康青"翠毛蓝、宝石蓝"色调逐渐减少,而变成为浅淡至灰暗的色调。青花呈纯蓝、灰蓝、深蓝色等,色泽从淡雅到深沉,色调有多样化的趋向,由于仿古之风的盛行,青花呈色不稳定,而出现了晕散现象,如有些是人为用浓料点染的原因造成的,是追求和仿明(永乐、宣德)青花的风格,当时还流行淡描青花,如青花呈淡蓝色,是仿明(成化)青花淡雅的艺术效果。部分青花的画面中呈指捺般水印纹。
底足／口沿	口缘足沿部露胎无施釉,露胎处胎体光滑细润,不见火石窑红,抚摸如丝绢般细腻,口沿、圈足器形成形规整。底部是内凹圈足,制修底部面细致,圈足内外斜削规整,呈滚圆的"泥鳅背"状,也有呈尖削状、平切状,与中期比较底径略缩小,圈足多数矮浅,底部面釉层稀薄,有细旋削纹,也有缩釉产生的小棕眼等。
器形	既有继承早中期的式样,又有仿古的式样,也有本朝创新款的式样,器形:规整、端庄、饱满、丰满、圆润、圆实、浑圆、精美,有一种曲线美,盖罐多数都为敛口、略微丰肩、略鼓圆腹、腹下渐敛大、内凹圈足,造型丰满圆实,线条流畅柔和、规整舒展大方,圆实中透露出一股灵气。器形从早中期以挺拔硬朗的阳刚之气向雍正朝的丰满俊美、圆润柔美的风格演变,出现过渡期的特殊韵味。
纹饰／技法	纹饰大多绘工细腻,用笔纤细,线条流畅,但构图布局逐渐缩小,空间增多,注重造型与纹饰结合,使纹饰布局巧妙合理,承上启下的过渡期的特征。绘画技法上主要用斧劈皴或披麻皴等技法,或用涂抹法、涂染法、点染法等技法,如用分水皴技法描绘,通过层层渲染表达出"浓而不浊,艳而不俗"的意境,如用勾、染、皴、擦、点等多种技法兼施并用描绘,使画面有阴阳面、多层次,更具有立体的效果,使纹饰更接近和达到国画艺术的表现手法。纹饰题材内容广泛,民窑器以人物、花卉纹为主,是写实写意画,官窑器以龙凤、缠枝纹为主,多为图案画。装饰纹有人物、动物、山水、花卉、博古、吉语等。
款识	双圈、年号、仿明寄托(大明成化年制、大明嘉靖年制等)、图记、堂名款等,款识以楷书为主,官窑款字体圆润,工整清秀,刚劲有力,绘工规矩,民窑款书写十分草率,但顿挫有力。

康熙　青花仕女婴戏纹大罐
高：23.9cm、口径：9.8cm、底径：13.8cm／晚期

　　直口短颈，溜肩鼓腹，腹下渐敛，附一块圆平盖，形制高大、规整、饱满。口缘足沿部露胎无施釉，胎质洁白细腻，胎骨坚密，胎体厚重，修胎细致，釉色呈硬亮青色，釉面匀净滋润，胎釉结合紧密，青花呈深蓝色，色泽浓艳深沉，略有晕散感，底部是内凹圈足，足沿切削整齐、光滑细腻呈"泥鳅背"状。器物颈部是用仰覆参差席三角形纹，器腹一周绘三组图案，分别是仕女春游图、婴戏舞狮图、洞石芭蕉图组成。人物形态不同，仕女身材高大、雍容华贵清秀，衣纹线条流畅，怀抱着童子欢乐春游，童子活泼可爱，姿态各异，舞狮场面热闹，芭蕉叶纹清晰。用勾染等技法描绘，层次立体感强，图案内容丰富，画面充满着欢快的生活情趣，是康熙朝民窑仕女婴戏纹盖罐中佳品。

康熙　青花（开光）（六）婴戏纹罐
高：20.8cm、口径：8.5cm、底径：12.2cm／晚期

　　造型丰满圆实，敛口短颈，丰肩圆腹，腹下缓收至足部，附平顶圆盖。口缘
足沿部露胎无釉，胎质洁白坚致，瓷化程度好，修胎细致，通体施透明釉，釉面
纯净滋润，釉色呈细润粉白色，具有玉质感，釉胎结合紧密，青花呈淡蓝色，色
泽淡雅翠丽，底部是内凹圈足，底足露胎处光滑细致，呈"泥鳅背"状，底部面
有缩釉产生小棕眼。器腹部三面开光各绘有婴戏图，每个童子头顶束发，眉清目
秀，四肢浑圆，从上胸部至下身部穿挂肚兜，童子手持莲叶，活泼可爱，左右两
端及底部绘三朵盛开的莲花，四周用锦纹点缀，开光之间上、下部绘有两朵盛开
的莲花及缠枝纹。图案简练，构思巧妙，风格清秀，线条流畅，莲花与童子图案，
寓意"连生贵子"、"子嗣连绵"，婴戏图为吉祥图案，与我国封建社会多子多福、
"不孝有三，无后为大"等观念相符合，是康熙朝民窑中普通器物。

康熙　青花（开光）人物纹大罐
A／B：高:105cm、口径:18cm、底径:28cm/中晚期
C：高:35.2cm、口径:12cm、底径:18cm/中晚期

造型修长圆实、端庄规整，敛口长／短颈，溜肩长圆腹，腹下渐收至底足，圈足釉底，附直壁微弧平顶圆盖。器物分二至三段拉坯镶接成形，制修胎细致，胎质坚硬，胎体厚重，瓷化程度高，釉色呈硬亮青色，釉面纯净细润，青花A、B罐呈青蓝色，青翠明净，浓淡相宜，C罐呈深蓝色，浓艳深沉，有晕散现象，圈足呈滚圆"泥鳅背"状。器盖壁饰上、下相错青花地云肩花卉纹，盖顶面绘饰博古纹等。器物颈部饰A、B罐花朵纹、C罐三角形几何纹，胫部饰组合纹，有青花地团花纹和云肩花卉纹，锦地纹和几何纹等。器腹四／二面大开光内绘有人物纹（仕女婴戏纹、故事人物纹），仕女婴戏图：在古城堡庭院中，有一群仕女和童子，仕女衣着华丽，形体优雅，有独自观赏博古器，也有和童子赏景，还有带丫鬟观花等场景，而童子头顶束发，天真活泼，持莲玩耍的情景，四周绘有祥云、城堡、城墙、洞石、博古、花卉等衬景，景物之间错落有致。因当时信息封闭，画坯陶工也不了解欧洲等地的古城堡建筑，只根据商人描述画出中国庭院式和欧洲巴洛克式这种不伦不类中西合璧独特的古城堡风格建筑，但纹饰画法均显康熙朝时代的特征。故事人物图：完全取自《三国演义》中诸葛亮点将一节的故事，整个场面气势恢宏，有诸葛亮等十九位文武官员，每位人物造型准确，姿态各异生动传神，将故事内容情节表现得恰到好处，具有较高的艺术成就，周围衬以点将台、帐篷、树木、栏杆纹等。康熙朝国内盖罐器形一般较小，以上二只盖罐是外销瓷，主要用作皇宫贵族中摆设器物，所以定制器物器形特大。景德镇民窑厂当时能烧造如此特大型A、B罐不变形，青花、釉料发色又到位，绘画精美又工整，纹饰内容题材丰富，也反映出康熙朝制瓷工艺技术的高超水平，器物能够保存至今完整，弥足珍贵，在同类传世品中不多见，是康熙朝民窑外销瓷中精品。

反面

正面

顶部

康熙 青花芦雁纹中罐
高：16.5cm、口径：6.5cm、底径：9.5cm／晚期

　　敛口短颈，丰肩圆腹，腹下渐收，附平顶圆盖，造型饱满圆实。口缘和外足边沿部露胎无釉，胎土细腻，胎质洁白，胎骨坚致，胎体沉重，瓷化程度高，制修胎精细，腹内部有旋胎痕的纹路，但有数条窑裂等缺陷，釉色呈粉白色，釉面纯净细润，青花呈纯蓝色，色泽纯净艳丽，色阶丰富，有层次感，下部边缘有脱釉等缺陷（a），底足沿部刮釉粗糙，是内凹圈足，呈内直外斜式平切削状釉底，底部面有旋削纹和双圈款及细小缩釉点。器物颈、胫部分别饰一周带"山"字形篦纹和双圈弦纹，器腹上部写有"樵隐"楷书二字，左边印有二方"晓山"等篆书椭圆／方章（b），字体端正清秀。器腹绘有二组栖息在河滩山石芦草边八只芦雁，一组绘有三只芦雁，一只小雁在瞻望两只大雁嬉闹的场景；另一组绘有五只芦雁，有空中飞翔，引颈站着，低头觅食，叼着羽毛等情景，每只大雁体态各异，动感强烈，羽毛细腻，充满着野逸之气。采用工整细腻的写实技法描绘而成，用细长线画成水波纹，用斧劈皴画成山石纹，用渲染点线画成芦草纹，画法颇具时代特色，艺术成就较高，是康熙朝民窑中精品。芦雁为一种候鸟，自古以来被喻为吉祥鸟，双雁象征忠贞不渝的爱情，飞雁比喻仕途渐进之意。

侧
面

康熙　青花芦雁纹罐
高：21cm、口径：8cm、底径：12cm／晚期

正
面

底
部

　　造型敦实饱满，敛口短颈，丰肩鼓腹，弧腹下渐收，附直壁平顶圆盖（介绍见第七章）。胎质细白坚密，胎体厚重，修胎规整，瓷化程度好，通体施硬亮青釉，釉色呈硬亮青色，釉面细硬温润，胎釉结合紧密，给人以剔透坚硬的玉质感，采用浙料，青花呈淡蓝色，色泽淡雅清丽，底部是内凹圈足，足沿部露胎无釉，呈典型滚圆的"泥鳅背"状，釉底部署青花双圈"大清康熙年制"六字两行楷书款，字体端整。器腹一周空中绘有三只飞翔的芦雁，中部绘有栖息在芦苇滩地中七只大小体态各异的芦雁，芦雁体态丰满、圆润、留白，气韵生动，特别是正面在池塘芦苇堤岸边一只母芦雁关爱教诲小芦雁，把小芦雁的温驯与憨态描绘得惟妙惟肖，神态逼真，四周用芦苇、山石、云纹等衬景辅助。画面传神细腻，线条生动流畅，用点、勾、染、皴、擦诸法兼用描绘，再用凸起浅浮雕刻绘芦雁与云纹，层次极为丰富，显示了一派生机勃勃的自然景象。用平凡的画题，展示了自然之美，给人以美的艺术享受，是一件康熙朝官窑器物。

第一章

B 罐

康熙　青花凤凰牡丹纹中／大罐
A：高：30cm、口径：9cm、底径：13cm／晚期
B：高：21cm、口径：8cm、底径：12cm／晚期

A
罐康部

b

c

B
罐上部

a

A
罐

　　圆井口短颈，溜肩圆腹，腹以下渐敛，造型A罐修长端庄，B罐饱满浑圆。口缘足沿部露胎无釉（a），胎质细腻坚硬，胎体厚重，瓷化程度高，修胎规整，A罐器腹内见有镶接痕和刮／旋胎痕，釉色呈硬亮青色，釉面纯净莹润，胎釉结合紧密，选用浙料，青花A罐呈深蓝色，B罐呈青蓝色，色泽浓重、深沉、艳丽，呈色稳定，底足是内凹圈足，呈内外斜削式滚圆的"泥鳅背"状（b），底部面有双圈款及细旋削纹和缩釉产生的小棕眼（c）。器物颈部一圈A罐饰仰覆参差席三角形纹、B罐饰带状"人"字形篦纹，器腹一周通体绘有凤凰牡丹纹，凤凰昂首展翅，尾翼飘曳，穿行在缠枝牡丹纹中，取密不透风的线条，把凤凰的形象表现得淋漓尽致，繁茂盛开的双犄牡丹勾边留白，花朵的层次极为繁密，缠绕的花叶多为卷云状，也有写实的叶片穿插。用分水皴等技法描绘，构图舒展饱满，A罐绘工细致，B罐绘工粗犷，线条流畅自如，画面充满着强劲的生命力，牡丹是富贵之花，为百花之王，称为国色天香，凤凰是吉祥之鸟，是母性的图腾，象征着雍容华贵的女人，"凤穿牡丹"的画意是"富贵荣华、天下太平、繁荣昌盛"。

康熙　青花花鸟纹大罐
高：58cm、口径：15cm、底径：22cm／晚期／荷兰阿姆斯特丹 RIJKS 博物馆藏

造型端庄高大，罐口内敛，溜肩鼓腹，弧腹下渐收，附直壁平顶圆盖形，胎体是陶胎，胎体厚重，制作规整，宽粗内凹圈足，釉色呈青白色，釉面匀净细润，青花呈青蓝色，色泽浓重艳丽，发色稳定。盖壁和器物颈部绘有蓝地留白花鸟纹，有四组二只飞鸟栖息在茂密缠枝叶中，飞鸟左右顾盼，叶片舒展自如，四面双圈圆形开光内绘有白地蓝彩折枝花鸟纹，器物胫部饰双／单圈弦纹中间绘有符号纹，器肩部饰一道双圈弦纹，盖顶面和器物腹中满绘有白地百鸟花草纹，有百只姿态各异的小鸟在茂密花草中栖息、穿行、鸣唱等，中间有一只神态安详的孔雀亭亭玉立在草叶上，雀冠高耸，尾羽飘逸，折枝花朵圆润花叶细长。画法勾线填色并加渲染，图案繁缛呆板，绘画不甚精细，层次感不强，但意境清新，生动传神，充满着春天的生机。此盖罐是荷兰的"得尔夫蓝"器，器物胎土原料不是高岭土之类的瓷土，但青花料、白釉料均来自中国，依样画葫芦仿自中国图案，是荷兰海牙附近的得尔夫特瓷厂模仿中国青花瓷生产出这种白蓝地器物，这种器物仍属青花系统，因烧成温度在陶与瓷之间，称其为"青花器"。

康熙　青花花卉杂宝纹大、小罐
A：高：22.0cm、口径：9.0cm、底径：14.8cm／晚期
B：高：13.8cm、口径：4.4cm、底径：7.2cm／晚期

敛口短颈，溜肩圆腹，腹下渐收，附平顶圆盖，形制端庄规整。口缘足沿部露胎无釉，胎釉交汇处略见火石窑红，胎质坚致，胎体偏重，瓷化程度好，釉色呈硬亮青色，釉面纯净细润，胎釉结合紧密，有光亮感，用国产浙料，青花A罐呈青蓝色／B罐呈深蓝色，色泽青翠深沉，底部是内凹圈足，圈足呈滚圆"泥鳅背"状，底部面薄釉有极细旋削纹和缩釉点。器物颈部与胫部饰青花地三角纹／垂云纹、莲瓣纹／焦叶纹，器腹部一周绘有四／六个折枝变形莲纹，纹饰由中间一朵莲花上、下两个莲枝相托连接四／六个莲叶，莲纹中间以火珠寓意聚光发热，方胜寓意财富多多等杂宝纹为点缀，杂宝上有结带飘指。纹饰布局疏朗，用勾染技法描绘，构图疏密有致，线条婉转流畅，画风洒脱粗犷，莲花寓意吉祥，杂宝则是财富、智慧、力量的象征，是康熙朝民窑中普通器物。瓷器上杂宝纹饰在元代前就出现了，它的本意为诸多珍宝，汉《西京杂记》卷二："武帝为七宝床、杂宝按、厕宝屏风、列宝账，设于桂宫。时人谓之四宝宫。"因所采有的宝物较杂，故名杂宝。

康熙　青花山水人物罐
高：20.3cm、口径：9.2cm、底径：13cm／晚期

　　敛口短颈，丰肩圆腹，腹下渐收，内凹圈足，附平顶圆盖，形制圆实端庄。口缘足沿部露胎无釉，上口沿胎釉交汇处见火石窑红，胎质坚细，胎体厚重，瓷化程度好，制修胎规整，釉层亮透明，釉色呈硬亮青色，釉面细白温润，青花呈纯蓝色，色泽青翠、淡雅、明快，呈色稳定，圈足矮浅，呈内外斜削式平切状，底部面有缩釉点和旋削纹。器腹一周通景绘高山流水人物图（高士图、待渡图），在河堤古树边坐着二位老翁，摇着折扇对唠；在山间小道上，有一位老翁柱杖独行；江面上荡漾着一只小船，船头上一位老翁仰望天空，悠然自得；山水四周有山石、花草、树木、楼阁、宝塔等衬景。山水景物错落有致，人物形象简洁传神，山石用皴擦渲染等技法描绘，特别是借鉴了西洋绘画技巧，在转折之处多用留白的方法加以表现，使山峦起伏，层次分明，富有立体感，具有传统浓郁的青山绿水国画的韵味，是康熙朝民窑中精品。

康熙　青花花卉寿字纹大、中罐
A：高：22.0cm、口径：9.0cm、底径：13cm／晚期
B：高：17.5cm、口径：6.5cm、底径：9cm／晚期

　　敛口短颈，A罐丰肩／B罐溜肩圆腹，弧腹下渐敛，内凹圈足，形制规整端庄。口缘足沿部露胎无釉，胎质细润坚致，胎体厚重，瓷化程度好，釉色呈硬亮青色，釉面坚硬莹润，玻璃质感强，胎釉结合紧密，青花呈纯蓝色，色泽青翠明净，圈足胎釉交汇处有刮削痕（a），呈内外斜削式"泥鳅背"状（b），底部面有双圈款（c）和小棕眼（d），A罐有明显放射状跳刀痕（e）。器物颈与胫部分别饰青花地垂云纹、变形莲瓣纹，器腹一周绘有四／五个折枝变形莲纹与中间四／五个篆体"寿"字相隔，折枝莲纹由中间一朵莲花上、下两个莲枝相托连接四个莲叶，篆体寿字纹偏长，勾边填色准确，字迹端正清晰，笔法有力流畅，清净无染的莲纹把"寿"字萦绕，是古人祈求长寿的愿望。清代自康熙开始，每个皇帝都书写"寿"、"福"字，颁赐下臣，以示对他们的恩宠，瓷器上也普遍出现"寿"、"福"等吉语装饰纹样，此盖罐为康熙民窑中普通器物。

　　清代雍正朝（1723—1735年），清世宗胤禛继位做了皇帝，雍正朝仅历13年，历史虽短暂，但由于康熙朝打下的雄厚基础，加上雍正帝本人极其喜爱瓷器，注重制瓷质量，追求器物完美，如对烧造官窑器规定造型纹饰，重视神韵等，对这时期官民窑制瓷业发展起了极大的推动作用。景德镇制瓷生产仍沿用康熙朝的旧路，采用"官搭民烧"的烧造办法，但雍正朝改变了康熙时期官民窑同步并举的格局，又恢复到明代中期以前以官窑为主局，民窑的整体风格只是对官窑的亦步亦趋。经济发展、政局平稳，"康雍乾盛世"繁荣局面的延续，景德镇的御窑厂，在年希尧、唐英督两位督陶官佐理下，集中最优秀的陶工，不惜成本竭尽全力地烧制，生产出官窑青花盖罐其成就虽不能与同时代的器物，如仿宋、仿明（青花、五彩、斗彩）、粉彩、珐琅彩等相比，但它的质量还是冠绝于世，成为中国陶瓷史上一朵奇葩，官窑青花盖罐总体质量水平高于康熙朝同类官窑器物，但仍不及康熙朝同类民窑中精品器物。相比较而言，当时朝廷推行重农抑末的政策，发布禁止奢侈的上谕，这时期虽然西方商人争先恐后地来到广州设立了商行，但总体上景德镇民窑器海外贸易在减少，加上如国内广彩瓷的生产，国外日本伊万里瓷器抢占市场，欧洲等地已制成硬质瓷，世界陶瓷市场出现了竞争者，这些因素在不同程度上影响景德镇民窑制瓷业的发展，因官窑为主的局面客观上促使了民窑产品的进步，在继承康熙朝制瓷工艺的基础上，将青花瓷质量和制瓷技术提高到又一个历史巅峰，从而形成雍正朝自己独特的时代风格。雍正时期的粉彩瓷等是官窑占优势，而青花瓷的生产则是民窑占优势，景德镇民窑青花盖罐以胎薄、纹精、形秀、工细等都超过康熙朝普通民窑器物，与康熙青花盖罐挺拔、遒劲的风格迥然不同，代之以柔媚、俊秀的本朝风格，但总体艺术水准逊色于康熙朝中晚期民窑中精品器物。此朝青花盖罐胎质坚致，胎薄体轻，瓷化程度高，制作精致，以青白釉（亮青釉、硬亮青釉）、粉白釉为主，釉面纯净细润，胎釉结合紧密，底足呈滚圆的"泥鳅背"状；青花沿用前朝料，但已不像康熙朝青花那样青翠艳丽，中期的"康青"已逐渐消失，其色泽较多地模仿明代青花的风格，比较清雅艳丽并有晕散等现象；纹饰比康熙朝晚期更趋向幽雅娴静，能大面积地留白而突出主饰，追求自然随意的画风，给人以赏心悦目美的享受，康熙朝十分流行故事人物图也少见了；尤其是造型一改康熙朝时规整、饱满、圆实之风，取代以端庄、丰满、肥硕之貌，青花盖罐为敛口、丰肩、鼓圆腹、腹下渐收较大、内凹圈足，造型丰满、圆实、高贵，各部位比例协调，线条柔和舒畅，底部圈足在缩小，器形素有"线条美"之称，确有"增一分则拙，减一分则陋"之感，是清代盖罐中最优美的器形。综观本朝青花盖罐，比清代任何一朝青花盖罐都显得秀雅精细，绝大多数可谓件件俱精，几乎无粗制滥造的器物，存世量是三朝中最少的，器物主要以本朝创新、仿明代、仿前朝的风格为主，在仿制中逐渐形成自己特色。雍正朝青花盖罐注重胎白釉润衬托出青花的美艳，用纹饰的布局和造型的优美来追求器物的完美，以精湛工艺和产品优质而取胜，精美程度几乎是人见人爱，整个盖罐用一个"秀"字来概括，雍正瓷以独特的时代风格为后世所瞩目，也为乾隆朝制瓷业发展打下了基础，提高了当时整个社会的审美艺术风格。

表4

雍正青花盖罐的特征

胎体	胎土选料精细，制胎成形规整，烧成火候适度。胎骨洁白细腻，胎质细润坚致，胎质比康熙朝时硬度降低，但柔和性增强，胎薄体轻，厚薄均匀，胎体不显厚重，重量比康熙朝轻，透光性特强，瓷化程度高。成形中制修胎细致，中、大类罐用分段拉坯，再啮合镶接利坯等方法制作胎体，因镶接成熟、利坯精制，所以腹部内几乎看不到连接痕印，小、中类罐用整体拉坯方法制作胎体，大部分腹部内壁面不平整，都见有刮／旋胎痕的纹路、缩釉点、鸡爪纹等现象。
釉料／釉面	釉料纯净精细，釉质细腻、坚硬，釉面纯净莹润，施釉均匀，内外部釉料一致，胎釉结合紧密。分为青白釉（亮青釉、硬亮青釉）、粉白釉、浆白釉等几种。a：青白釉中的亮青釉，釉层肥厚，釉表面气泡密集，釉面不很平整，有桔皮纹，呈白中（微）闪青的亮青色，又似呈云雾状和朦胧感，亦称"朦釉"、"唾沫釉"，是仿明（永乐、宣德）的作品。b：青白釉中的硬亮青釉，同前朝晚期相同，但比前朝釉层坚薄透亮，釉面坚硬细润，呈白中闪青的硬亮青色，少部分见有桔皮纹，是仿康熙朝的作品。c：粉白釉、浆白釉同前朝晚期相同，釉层较薄，釉面纯净细润，釉色呈细白、乳白或僵白色，是仿康熙朝和仿明（成化）的作品。通过内外部表面施有一层青白（亮青、硬亮青）、粉白、浆白釉等中一种，釉面坚致细润、纯净无暇，釉层有薄有厚，透明度大，玻璃质感强，具有玉质感。
青花	采用国产上等浙料，青料提炼精纯，有a、b、c、d、e青花多色各存等特点，比康熙朝青花色泽淡雅柔和，部分有晕散感。a：呈正／纯蓝色，色泽青翠鲜艳，发色稳定，略有晕散；部分色调深浅不一，有浅淡或深沉，呈青蓝色、灰青色等，色泽青翠、明丽、淡雅，呈色稳定，是仿康熙中晚期青花的风格。b：呈深蓝色，色泽浓艳深沉，清新明快，发色稳定，是仿明（嘉靖）青花的风格。c：呈青蓝带黑色，色泽浓重艳丽，浓重处可见铁锈黑褐色斑点，有晕散现象，是仿明（永乐、宣德）青花的风格。d：呈淡蓝色，色泽淡雅清丽，发色稳定，是仿明（成化）青花的风格。e：呈蓝黑色，色泽浓深灰暗，发色稳定，略有晕散，当时因青料淘洗不纯净或烧造火候不到位造成的，多数用在普通民窑器的作品中，而康熙朝中期的"青康"已逐渐消失。
底足／口沿	口缘足沿部露胎无施釉，露胎处胎体光滑细润，部分口沿圈足处有磕碰等现象，少部分露胎处见有火石窑红现象，口沿、圈足器形成形规整。底部是内凹圈足，制修底部面细致，内外斜削式圈足，足脊呈尖削状、平切状，有呈滚圆的"泥鳅背"状，抚摸上去如同小孩背脊上细腻之感，俗称"孩儿脊"，与康熙晚期相似，圈足底径偏小，圈足多数为矮浅，底面釉稀薄，有细旋削纹，也有缩釉产生的小棕眼，极少器物底部是露胎底。
器形	有继承康熙的式样，有仿古的式样，也有本朝创新的式样，器形：规整、端庄、饱满、丰满、丰润、肥硕、圆实、浑圆、鼓腹、俊秀，盖罐为敛口、丰肩、鼓圆腹、腹下渐收较大、内凹圈足，造型丰满圆实，高贵端庄，线条圆润，柔美舒畅。形体肥硕优美，比例协调，恰如其分，俊秀婉丽，有点像顺治时期丰肩、鼓腹的盖罐器形，但无笨拙之感，从康熙朝阳刚之美的风格变为本朝阴柔之美的风格，陈设与实用保持完美的结合，形成了高雅又朴实的艺术风格，是清三代盖罐中最优美的器形之一。
纹饰／技法	纹饰由康熙朝的顶天立地、满布器身、恢宏大度的风格，改为用笔纤细、构图疏朗、画面缩小、留白较多、清秀雅逸本朝的风格，又非常注重纹饰布局与造型的完美结合。在绘画技法上，以摹仿为主，对前人的绘画技法融会贯通，运用自如，在仿制中逐渐形成本朝的风格，如仿明（永乐、宣德、成化、嘉靖等）的作品，用点染、淡描、平涂等技法描绘，如仿康熙朝的作品，用披麻皴（斧劈皴）和分水皴等技法兼用描绘，本朝主要用涂抹法、涂染法（勾勒平涂渲染）和点染法（勾勒填色后点染）等技法描绘为主。纹饰内容丰富，题材广泛，以封建伦理的吉祥图案为主题，也有仿古题材等，规格化的纹饰束缚，使纹饰的原创意识不如康熙朝，如康熙朝人物故事图也少见了，特别是本朝的花卉纹是最美的，给人淡雅清新之感。装饰纹：人物、动物、山水、杂宝、花卉、团纹、博古、吉语等。
款识	双圈、年号、图记、仿明寄托款（大明成化年制）等，官民窑款以楷书为主，极少部分是篆书，官窑款绘工规矩，字体工整，清秀有力，字间距比康熙朝紧密得多；民窑款字体柔软，书写规整，但笔画无力。

雍正　青花仕女婴戏纹罐
高：21cm、口径：9cm、底径：14cm

　　敛口短颈，溜肩圆腹，腹以下渐敛，附平顶木圆盖，形制端庄圆实。口缘足沿部露胎无釉，胎质坚致，胎骨细腻，通体施釉匀称，釉面纯净莹润，釉色呈青白色，选用浙料，青花呈深蓝色，色泽浓重艳丽，底部是内凹圈足呈"泥鳅背"状。器腹绘有仕女教子图，有一位仕女手持团扇，仕女容貌清秀，长裙曳地，体态轻盈，与桌子下一位童子玩耍，童子顽皮可爱，充满稚趣，而侍女立于左侧观望，用盆景、几案、蕉叶纹等室内陈设用品衬景。渲染层次清晰，线条细腻流畅，人物形态逼真，意境清新幽雅，体现了中国传统妇女相夫教子的美德，艺术成就不逊于前朝。清代是个满汉杂居的时代，清初官府制定"男从女不从"的着装政策，所以清代仕女都穿着明式宽袖长裙等汉族服装，发型也是汉族的荷花头等。仕女是指贵族妇女，仕女图俗称美女图，以古代贵族妇女的生活情景作为绘画题材，此画面表现出仕女悠闲安逸的生活场景，是雍正朝民窑中精品。

雍正　青花（开光）（六）婴戏纹罐
A：高：22.8cm、口径：8cm、底径：12cm
B：高：17cm、口径：6.3cm、底径：10cm

　　造型饱满圆实，敛口短颈，丰肩圆腹，弧腹下渐收，内凹圈足，B罐附平顶圆盖。口缘足沿部露胎无釉，B罐胎釉交汇处有一圈火石窑红，胎骨细白，胎质坚硬，胎体薄厚均匀，瓷化程度高，釉色呈粉白色，釉面纯净滋润，胎釉结合紧密，具有玉质感，用国产浙料，青花呈淡蓝色，色泽柔和淡雅，圈足呈滚圆的"泥鳅背"状，底部面有极细旋削纹和小棕眼。其图案与康熙朝晚期"青花（开光）（六）婴戏纹罐"十分相似，不同处有：（1）康熙朝童子手持莲叶，而雍正朝童子是手持莲花；（2）雍正朝婴戏中的童子比任何朝代的童子都壮实，其体态更为圆润可爱，线条流畅柔和，艺术成就高。婴戏图早在唐朝前瓷器上已经出现，宋、元、明、清等朝代颇为流行，且多用莲花与童子题材，寓意（莲）连生贵子、一路连科等，反映了古人重男轻女和多子多福的传统世俗观念。

雍正　青花状元及第纹罐
高：18.5cm，口径：6.6cm，底径：10.5cm

　　敛口短颈，丰肩鼓圆腹，肩腹下收敛较大，足径偏小，附平顶圆盖，器形线条曲线优美，形制规整圆润。口缘足沿部露胎无釉，胎骨细腻，胎质坚致，胎体薄厚均匀，重量较轻，瓷化程度好，釉色呈硬亮青色，釉面纯净莹润，胎釉结合紧密，具有玉质感和光亮感，用国产浙料，青花呈正蓝色，色泽纯净青蓝，呈色稳定，底部是内凹圈足呈"泥鳅背"状，有缩釉产生的小棕眼。器腹绘前有两位扛大旗的仆人，中间是一位手持如意，身着官服士大夫骑在麒麟上，后有一位持大旗的仆人相随，人物形态各具特色，麒麟威武又温顺，背景衬以山石、花草、芭蕉、栏杆、云纹点缀。画工不精但生动，渲染层次清晰，线条流畅洒脱，反映了当时考取状元金榜题名做官后，士大夫衣锦还乡的情景，正面图寓意功名利禄，反面图寓意富贵荣华。

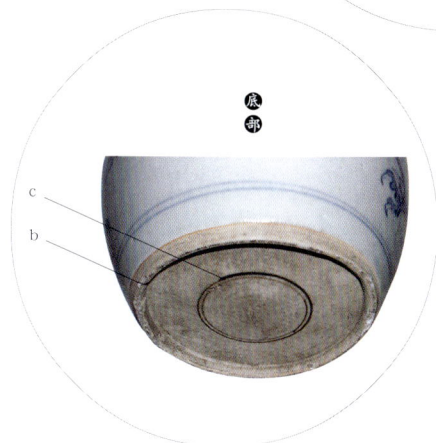

雍正　青花过枝龙纹罐
高：21.4cm，口径：8.5cm，底径：12.5cm

　　圆口内敛，短颈丰肩，鼓腹（最大直径在肩部），肩腹下渐收至底足，套平顶圆盖，形制丰满端庄。口缘、足沿和底面部露胎无釉，口沿胎釉交汇处有一圈流畅的火石窑红，色呈橘红（a），胎骨细白，胎质坚致，胎体厚重，施有硬亮青釉，釉色呈白中闪青色，釉层较厚细润，胎釉结合紧密，青花呈青蓝色，色泽淡雅明丽，底足是内凹圈足，修足不规整，足沿有崩塌呈内外斜削式"泥鳅背"状（b），底部面是露胎底，有极细旋削纹和双圈款（c），（忘了最后一道上釉工序，所以青花双圈款没施罩釉层就发黑）。器腹绘有一条曲身翻转的四爪龙，四周是粗状结实的"一"或"十"字祥云纹飘绕，云纹脚端部粗短不留白，龙首双目圆睁，张牙舞爪，指爪尖利，鳞片饱满，身躯翻过上口缘，反面绘尾部，这种通过翻转口沿或内外壁后把纹饰连接在一起，称为过枝或过墙法（d），间饰以火珠、云纹衬托，达到"云龙三现"的效果，用"分水皴"法进行浓淡渲染，技法娴熟，用笔奔放，气韵生动，层次质感强，但画工不细，似乎给人以一种龙从天降的神秘之感，"过枝"谐音为"长治"，是恭贺雍正朝政通人和，祈求长治久安的美好用意，是雍正朝民窑中普通器物。

雍正　青花火珠龙纹罐
高：23cm，口径：9cm，底径：13.5cm

圆盖

　　敛口短颈，丰肩圆腹，弧腹下渐收，附平顶圆盖，形制饱满圆实。口缘足沿部露胎无釉，胎骨细白，胎质坚硬，胎体厚重，釉色呈青白色，釉面坚硬温润，胎釉结合紧密，青花为浙料，呈青蓝色，色泽青翠浓艳，底部是内凹圈足，圈足用手抚摸十分润滑俗称"灯草根"又称"孩儿背"又叫"泥鳅背"状。器盖一圈绘有夔龙纹，器腹绘有一条四爪龙，龙首圆瞪，须发竖立，四指前爪追逐一飘动的火珠，顺向锯齿状背鳍与龙身之间留一条白线，鳞片圆润饱满，腹甲整齐匀密，连绵不绝的粗状云纹遮住了龙的部分躯体，故称"云龙三现"，间饰火焰纹及十字云纹簇拥，火焰纹为连续的"山"字形，云纹以两个如意形组合为中心，云脚粗短结实，留白不到端部。画面线条勾描粗放，龙首刻画生动，用渲染衬托出云龙的神秘层次感，呈现出一派激荡奔腾、气势磅礴的景象，寓意天下太平、国泰民安、吉祥如意。

雍正　青花火珠龙纹中罐
高：18cm，口径：8cm，底径：10cm

　　敛口短颈，圆肩圆腹，腹下渐收，内凹圈足，形制饱满规整。口缘足沿部露胎无釉，胎质细白坚致，釉色呈硬亮青，釉面纯净莹润，有光亮感，釉胎结合紧密，青花呈青蓝色，色泽青翠明快，底足内外两面斜切削并经打磨呈"泥鳅背"状。器腹一周绘有一对四爪行龙，首尾相对飞舞，追逐一条旋涡状火珠，四周被顺时针方向单线描绘出的两个一组卷云纹、"壬"字云纹、"山"字形多向伸展连接的火焰纹包围，龙首长着鹿状角，龙身变形细长，网格状鳞片清晰，龙爪刻画不锋利。构图繁密，纹饰清晰，线条流畅，描绘不精，龙是一种吉祥神秘的动物，《说文解字》载："龙，鳞虫之长，能幽能明，能细能巨，能短能长，春分而登天，秋分而潜渊。"古人云龙的出现是天下太平的征兆，龙纹是瓷器常见装饰吉祥纹样之一，是雍正朝民窑中普通器物。

雍正　青花火珠龙凤纹大、中罐
A：高：21.5cm、口径：8.0cm、底径：12.8cm
B：高：19.0cm、口径：7.2cm、底径：10.7cm

　　罐口内敛，短颈溜肩，A罐腹硕圆／B罐长圆腹，腹下渐敛，附平顶圆盖，形制饱满与修长。口缘足沿部露胎无釉，胎质洁白细润，胎体厚重，瓷化程度好，釉面匀净细润，釉色呈粉白色，胎釉结合紧密，青花呈青蓝色，色泽青翠明丽，底足是内凹圈足，足沿两面切削并经打磨，呈圆滑的"泥鳅背"状，底部面施薄釉，有双圈款、细旋痕和小棕眼。器腹绘有一／两对龙凤纹，一龙一凤在追赶一只飘动旋涡状火珠，首尾相对飞舞，间以两个一组卷云纹或"壬"字祥云纹与火焰"山"纹相隔，龙纹长着鹿状角，龙身变形细长，凤纹有鸡一样的翅膀，凤尾飘逸多姿。纹饰清丽秀逸，勾描细腻满密，线条流畅洒脱，但质感不强，龙与凤是民间传说中的飞禽，龙纹是神兽的代表，凤纹则是瑞禽的化身，龙凤纹象征吉祥高贵，鹿角龙与鸡翅凤是雍正朝民窑器物中特有的纹饰，是雍正朝民窑中普通器物。

腹
内
部

a

雍正　青花凤纹罐
高：21.5cm，口径：9.3cm，底径：15cm

底
部

b

c

　　圆口内敛，短颈溜肩，圆形腹，腹下略收至底足，附平顶圆盖，器形规整圆
润。口缘足沿部露胎无釉，胎质坚致，胎体厚重，加工粗糙，釉色呈亮青色，釉
层较厚，釉面温润但不平整，青花为浙料，呈青蓝色，色泽明丽浓重，腹内部有
刮／旋胎痕和无数缩釉点（a），底部是内凹圈足，呈内外斜削式滚圆的"泥鳅背"
状（b），底部面有旋削纹及缩釉产生无数小棕眼（c）。器物颈部与胫部饰青花地
垂云纹与变形莲瓣纹饰，器腹绘有双凤昂首展翅飞舞，四周绘以祥云纹与火焰纹
相隔，凤纹的各部位用平涂和抽象式描绘，凤首浑圆，凤冠明显，圆身长翅，凤
尾部舒展飘逸。纹饰简练草率，线条粗放流畅，但缺乏层次感，画面是民间大众
化的艺术风格，表现出展翅翻飞的凤凰奔放、洒脱，充满着永恒的生命活力，是
雍正朝民窑中普通器物。

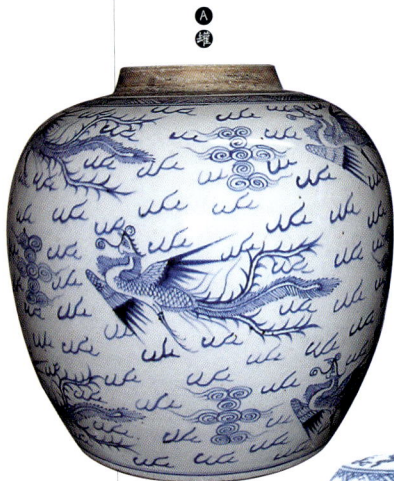

雍正　青花凤纹大、中、小罐
A：高：22.0cm、口径：9.0cm、底径：14cm
B：高：14.2cm、口径：4.5cm、底径：7.0cm
C：高：12.5cm、口径：3.5cm、底径：6.3cm
D：高：10.0cm、口径：2.2cm、底径：4.8cm

　　圆井口短颈，溜肩圆腹，腹下渐收，B／C罐附无顶半／平圆盖，造型A罐丰满圆实，B／C／D罐修长俊秀。口缘足沿部露胎无釉，胎骨细腻，胎质坚硬，修胎细致，釉色呈硬亮青色／亮青色，釉面坚硬滋润，胎釉结合紧密，青花为国产浙料，呈深蓝色，色泽浓重艳丽，发色稳定，底部是圈足呈"泥鳅背"状，底部面有双圈款及缩釉产生小棕眼。器腹A罐绘有六凤纹，B／C罐绘有二凤纹，D罐绘有一凤纹，首尾相对飞舞，间以一组卷云纹、"壬"字云纹、火焰"山"纹相隔包围，凤首如鸡头，口啄瑞草，凤颈细长而弯曲，凤翼长且尖，长身躯细长腿，特别是锯齿状尾翼长而飘曳，烘托出所绘凤凰雍荣华贵，翱翔于宇宙之中。运笔奔放工细，线条流畅洒脱，极富动感传神，是雍正朝民窑器物。凤的形象是以孔雀为原形发展变化而来的，据《尔雅·释鸟》称"鸡头、蛇颈、燕颔、龟背、五采色、高六尺许"，凤纹实际上有雌雄之分，雌者单尾称凰，雄者称为凤，凤尾呈多股扫帚形，凰尾则为单股香草形，通称为凤，瓷器的凤纹出现始于唐宋时期。

雍正　青花山水人物纹罐
高：19.5cm、口径：8.2cm、底径：11.7cm

　　造型饱满圆实，敛口短颈，溜肩圆腹，腹下渐敛，附平顶圆盖。口缘足沿露胎无釉，胎骨洁白细腻，胎质坚硬，胎体厚薄均匀，瓷化程度好，修胎规整，腹内部有旋胎痕和"鸡爪纹"，釉色呈粉白色，釉面纯净莹润，胎釉结合紧密，具有玉质感，使用国产浙料，青花呈纯蓝色，色泽青翠清丽，底部是内凹圈足，呈内外斜削式"泥鳅背"状，有小棕眼等。器腹一周绘山水人物图（垂钓图、渔家图），用勾勒、皴擦、渲染等诸法并用描绘，使山水人物图案犹如水墨国画之笔趣，远景山石层峦叠嶂，近景亭台茅庐、古树茂盛、堤岸江湖、老者垂钓、水中荡漾小舟、空中高挂太阳、大雁列队南飞等景物。绘画生动细腻，线条硬朗流畅，笔力雄劲有力，有层次、立体、真实感，雍正朝山水人物图是以隽秀浅淡、清秀典雅而盛名，为清三代青花盖罐民窑中精品佳作。

雍正　青花山水人物纹小罐
高：13cm、口径：3.2cm、底径：6.1cm

　　小口短颈，溜肩长圆腹，腹下渐敛，内凹圈足，附平顶圆盖，造型精美规整，器形线条优美。口缘足沿部露胎无釉，胎骨细腻，胎质坚致，胎体厚薄均匀，瓷化程度好，釉色呈亮青色，釉层纯净滋润，用高倍放大镜观察釉层中青花是深彻釉底，周围有大小气泡分布均匀，而且是透明的，釉面见桔皮纹，胎釉结合紧密，用国产浙料，青花呈青蓝色，色泽浓艳明净，略有晕散感，圈足呈"泥鳅背"状，底部面有旋削纹和小棕眼。器腹一周绘有山水和垂钓人物图，用远山、亭屋等渲染，近山皴擦，水波勾线等技法描绘，画面远景群山叠翠，近景山下有树林参天，亭台茅屋居中，临岸老翁垂钓，空中群雁飞翔。构图有序，描绘细腻，线条流畅，层次丰富，犹如一幅传统中国水墨画中的山水小品。

圆
盒

　　小直口长颈，溜肩长圆腹，弧腹下渐敛，造型精巧秀美，是莲子罐的器形。口缘足沿部刮釉露胎，胎骨洁白细腻，胎质坚致，胎体厚重，瓷化程度高，修胎仔细，釉色呈青白色，釉面细白滋润，胎釉结合紧密，用国产浙料，青花呈深蓝色，色泽浓重艳丽，发色稳定，底部是浅圈足呈"泥鳅背"状。器腹绘有花鸟纹，在洞石中有几株桃花树，桃枝左右伸展，枝杆上盛开的花朵饱满，花叶稀少圆润，一只小燕子栖息观望，四周有花草等点缀，一派明媚的春光景象。用勾染等技法描绘，构图疏朗有致，线条流畅柔和，纹饰清新明快，桃红柳绿燕归来，古人将其作为幸福美好、繁荣昌盛的象征。

a
b

大清雍正年製

雍正　青花松竹梅纹罐（岁寒三友）（一）
高：22cm、口径：8cm、底径：11.5cm

　　罐口内敛，短颈溜肩，鼓圆腹，腹以下渐收较大，附直壁平顶圆盖，形制肥硕、端庄、高贵。胎骨细白，胎质坚润，胎体厚重，瓷化程度高，修胎精细，成形规整，釉色呈硬亮青色，釉面纯净温润，玻璃质感强，胎釉结合紧密，用国产浙料，青花呈纯蓝色，色泽青翠鲜艳，底部是内凹圈足，足沿露胎无施釉，呈内外斜削式滚圆的"泥鳅背"状（a），釉底面署青花双圈"大清雍正年制"六字二行楷书款（b），字体工整秀丽。器腹一周绘有松竹梅纹，在山石中有一棵松树，松干苍劲，用点染皴擦等技法，把树枝的疤痕与鳞片状树皮清晰描绘，又用勾描渲染等技法，生动描绘出松针繁密，错落有致，极富有层次真实感；山石左边有一株小巧俊俏，争奇吐艳的梅花，后有一排竹子，竹枝挺拔，竹叶尖细。构图严谨，画工精细，笔法苍劲，运笔有力，线条纤细流畅，特别是把松树的丰姿雄态，描绘得自然逼真，艺术成就颇高，是雍正朝官窑器物，总体质量水平高于康熙朝同类官窑器物。松、竹、梅有"岁寒三友"称谓，源于元代时的文人画，有寓意君子之道，也有表达了君王将三教（儒释道）融合之意，孔子曰"岁寒，然后知松柏之后凋也"，所以松柏有长青、耐寒、长寿的品质。

雍正　青花松竹梅纹罐（岁寒三友）（二）
高：21cm、口径：8cm、底径：12.4cm

面
二

展
开
图

罐口内敛，短颈圆肩，圆形腹，腹以下渐敛，圈足釉底，附平顶圆盖，造型圆润规整，端庄典雅。口缘足沿部露胎无釉，胎骨细白，胎质坚致，胎体厚重，瓷化程度高，制修胎一丝不苟，釉色呈粉白色，釉面肥厚莹润，玻璃质感强，胎釉结合紧密，用国产浙料，青花呈蓝黑色，色泽深沉灰暗，略见晕散感，是仿明的风格，圈足呈滚圆的"泥鳅背"状，底部面有双圈款。器腹绘有松树苍劲，松针繁密；竹枝劲挺，竹叶洒脱；梅枝虬劲，梅花簇拥。用勾染皴擦等技法并用描绘，笔画娴熟，线条流畅，层次清晰，生动逼真，给人以赏心悦目的艺术感染力。松有意志刚强，生命力旺盛的风格；竹有虚心向上，宁折不弯的气节；梅有傲雪经霜，独天下而春的个性。松、竹、梅三友图象征文人高雅的气节，比喻忠贞不渝的友情，是雍正朝民窑青花盖罐中精品。

雍正　青花福寿纹中罐
高：15cm、口径：4.5cm、底径：6.5cm／台湾故宫博物馆藏

　　直小口短颈，圆肩鼓腹，腹以下渐收，近足处直下，内凹圈足，附圆盖弧凸顶制宝珠钮，为内扣式，与器身造型和谐统一，给人以新颖别致，但不失丰满端庄之感。内口缘和足沿部刮釉，胎质细白坚致，胎体厚薄均匀，瓷化程度高，制修胎精细，成形规整，釉色呈粉白色，釉面肥厚莹润，玻璃质感强，青花用国产浙料，呈纯蓝色，色泽深沉明快，发色稳定，底足细腻光润，呈滚圆的"泥鳅背"状，底部面署青花双圈"大清雍正年制"六字两行楷书款，是中锋运笔，极其规整。盖顶面饰植物纹，器物颈部饰涡纹，肩部饰如意纹，底部饰莲瓣纹，器腹绘有四组团形福寿纹，上部绘蝙蝠，蝠头浑圆，蝠翼扩张，下部绘两只桃实，桃大叶窄，两组纹饰环绕组成圆形状。绘画精细，纹饰清晰，线条流畅柔和，构图疏密得当，分水渲染技法娴熟，有层次真实感。蝠是福的谐音，桃喻义寿，蝙蝠与寿桃组成寓意"福寿双全"，《蔡传》中说"人有寿，而后能享诸福"，当时人们用福寿纹祈求吉祥如意、幸福长寿，该盖罐是雍正朝官窑器物。

Ⓐ
罐

Ⓑ
罐

雍正　青花牵牛花纹大、中罐
A：高：22.0cm、口径：9.0cm、底径：13cm
B：高：16.5cm、口径：6.8cm、底径：13cm

　　罐口内敛，短颈丰肩，鼓圆腹，腹以下渐敛，圈足釉底，附平顶圆盖，形制
丰满圆实，线条优美。口缘足沿部露胎无釉，胎质坚致，胎骨洁白、细润，胎体
厚重，瓷化程度高，釉面纯净滋润，釉色呈粉白色，用国产浙江料，青花Ａ罐呈
深蓝色／Ｂ罐呈青蓝色，色泽明快清新，呈色稳定，制修胎规整，圈足圆滑呈"泥
鳅背"状，底部面有双圈款和缩釉点。器物颈部与胫部饰变形莲瓣纹并在莲瓣内
画花朵纹，器腹部一周绘有牵牛花和叶片纹，呈叶丰肥、茎粗状、花怒放的大花
大叶型，四处花瓣组成漏斗状花冠的牵牛花，横竖两个折枝叶片延伸连续，排列
整齐，脉络清晰。渲染层次清晰，构图简洁，线条流畅，蓝白相映，给人们以赏
心悦目的视觉享受，所以说本朝的花卉纹是最美的。

第二章

雍正　青花团菊花纹中罐
高：15cm、口径：4.5cm、底径：6.5cm

　　直小口长颈，溜肩鼓腹，腹以下渐敛，近足处直下，内凹圈足，附直壁平顶圆盖，形体丰满、圆润、高贵。胎骨细白，胎质坚硬，胎体精细，厚薄均匀，瓷化程度高，修胎讲究，施釉均匀，釉面纯净滋润，釉色呈硬亮青色，胎釉结合紧密，具有玉质感，青花用上等浙料，呈正蓝色，色泽青翠明丽，发色稳定，略有晕散感，圈足呈滚圆的"泥鳅背"状，釉底面署青花双圈"大清雍正年制"二行六字楷书款。器物颈与胫部一周饰垂云纹与焦叶纹，盖面饰缠枝菊花纹，器腹部绘有四组团菊花纹，每一组团菊花纹由外部四朵小菊花和缠枝花叶环绕中间一朵大菊花组成，花朵勾边渲染，花蕊为网格状，布局疏密有序，四周留白而突出主题。绘工精细，线条流畅，填色准确，纹饰清晰，排列规整，气势非凡，是雍正朝官窑器。团花纹即圆形纹样，又称为"绣球花"，由于团花具有装饰性强、灵活多变的特点，从两宋时期出现在瓷器上，明清时期再度盛行，有团花、团龙等纹饰，雍正时期团花纹是最精致的。

雍正　青花缠枝灵芝夔凤纹罐
高：23cm、口径：9cm、底径：13cm

　　造型饱满圆实，敛口短颈，溜肩圆腹，腹下渐收至底，内凹圈足。口缘足沿部露胎无釉，胎质坚质，胎体沉实，制修胎规整，釉色呈亮青色，釉面纯净莹润，具有桔皮纹，青花呈深蓝色，色泽浓重艳丽，浓重处可见黑褐色斑点，略有晕散感，是仿明（永乐、宣德）青花的风格，底足呈滚圆的"泥鳅背"状。器物颈和胫部分别饰如意云纹、变形莲瓣纹，器腹通体绘有八只夔凤在繁密的缠枝灵芝中穿行追逐，凤首传神，扭颈回首，凤翅、凤尾自然飘逸，灵芝饱满肥润，缠绕的枝蔓穿插有序，枝叶圆润蜿蜒。用勾描和点青等技法描绘，描绘细腻满密，线条流畅自然，缠枝寓意连续、夔凤寓意吉祥、灵芝寓意长寿，纹饰的意思为吉祥长寿、万事如意，是雍正朝民窑中普通器物。

　　敛口短颈，溜肩圆腹，弧腹下渐收，套扣锡盖，形制饱满浑圆。口缘足沿部露胎无釉，胎骨细白坚密，胎体厚重，瓷化程度高，制修胎细致，釉色呈亮青色，釉层肥厚，釉面纯净莹润，用国产上等浙料，青花呈青蓝色，色泽青蓝艳丽，带有黑斑点及晕散感，是仿明（永乐、宣德）青花的风格，底部是内凹圈足，呈滚圆的"泥鳅背"状。器物颈部与胫部一周饰如意云纹与变形莲瓣纹，器腹通体绘有缠枝莲纹，花朵变形夸张，内花心为圆形和外绕七片圆润花瓣组成莲花，缠绕的枝蔓线条纤细流畅，枝叶圆润蜿蜒，用点青技法描绘，莲花与叶片中有点缀黑褐色结晶斑点。画工细腻，清新淡雅，繁而不乱，通过四方连续的形式把不同的莲花串在一起，给人以繁衍连续美的享受，是雍正朝民窑中普通器物。

雍正　淡描青花缠枝莲纹罐
高：21.5cm、口径：8.4cm、底径：11.5cm

　　造型圆实端庄，敛口短颈，丰肩圆腹，腹以下渐敛，内凹圈足，附平顶圆盖。口缘足沿部露胎无釉，胎质坚细洁白，胎体厚重，制修胎规整，釉色呈亮青色，釉面肥厚莹润，有光亮感和开片纹，淡描青花呈淡蓝色，色泽淡雅清丽，略有飘浮和晕散现象，是仿明（成化）青花的风格，圈足呈滚圆的"泥鳅背"状，底部面有细旋痕和双圈款。器物颈和胫部分别饰三角形纹／如意云纹与焦叶纹，器腹上、下部留白布局，中间一周用两方连续横带式布局法绘缠枝莲纹，莲花由十二片花瓣和莲蓬组成，盛开花朵圆润饱满，四周用缠绕的枝蔓连接卷曲状或写实的叶片，穿插有序流畅。用细线勾描法描绘，构图简洁疏朗，用笔轻描淡写，线条纤细柔和，画面留出足够的空白，突出主题纹饰，给人以清新淡雅美丽的感觉，因"青莲"与"清廉"谐音，寓意不言自明，是雍正朝民窑中器物。

　　小口短颈，溜肩扁圆腹，腹以下渐敛，平底微凹，肩有环形双系，附直壁宝珠形钮圆盖，造型秀美圆实，新颖奇特（仿古形）。胎质细白坚硬，胎体精细，厚薄均匀，瓷化程度高，釉色呈硬亮青色，釉面精细滋润，胎釉结合紧密，有玉质光润感，青花用上等国产浙料，呈纯蓝色，色泽青翠鲜艳，略有晕散感。盖内是子母扣，盖顶饰莲瓣纹，盖四周饰卷草纹，器腹一周绘有缠枝莲托八宝纹，缠枝莲的花头为正面，叶片变叶夸张，穿插的枝蔓线条纤细流畅，八宝分别为轮、螺、伞、花、瓶、鱼、幢、结，以逆时针方向顺序排列，八宝的结带飘逸，是两方连续对称的主题纹饰。构图自然巧妙，绘画工整精细，渲染层次清晰，具有极高的艺术成就。八宝纹又称八吉祥纹，原为藏传佛教八件吉祥宝物的图案，由西藏喇嘛教在元代时期传入内地，后作为瓷器的装饰纹样，寓意八宝吉祥，八宝纹的出现，说明当时雍正皇帝崇仰佛教，是雍正朝民窑中精品。

雍正　青花冰梅（开光）博古纹罐
A：高：21.3cm、口径：8.5cm、底径：12.5cm
B：高：17.8cm、口径：6.5cm、底径：9.3cm

　　造型饱满圆润，敛口短颈，溜肩圆腹，腹下渐敛，附平顶圆盖。口缘足沿部露胎无釉，制修胎仔细，胎骨细白，胎质坚致，胎体厚重，瓷化程度高，釉色呈硬亮青色，釉面纯净滋润，胎釉结合紧密，有玉质感，用国产浙料，青花呈深蓝色，色泽浓艳深沉，呈色稳定，底足是内凹圈足，呈滚圆典型的"泥鳅背"状，底部面有双圈款和缩釉产生小棕眼。器腹用二面／三面海棠形开光技法绘有博古纹，有瓶插翎毛和如意等、香炉和宝鼎、几案与古琴、棋盘和玉兔等博古，用犀角、灵芝、方胜、艾叶、卷书等杂宝环绕，线条纤细流畅，渲染层次清晰，寓意吉祥如意。四周用青花浓料画冰裂纹，淡料略加渲染，为冰裂大小片状青花蓝地，通体施有一层硬亮青釉，入窑高温一次烧成，有勾线留白五瓣梅花，梅花中间用青花线条勾筋加点蕊与圆心（康熙朝画法大部分为无圆心的），梅花之外另有三／四组小梅花环绕组成大梅花纹，也有四／五片花瓣紧抱花心组成含苞待放的小梅花纹。构图饱满，绘画工细，蓝白相映，雅俗共赏，冰梅纹与博古纹相结合，颇具文人画的风韵。

第二章

113

面一

面三

面二

底部

a

b

c

雍正　青花（开光）博古纹罐
高：19cm、口径：8.5cm、底径：12.2cm

　　造型肥硕圆实，圆口内敛，短颈丰肩，鼓圆腹，肩以下渐收敛，内凹圈足，附平顶圆盖。口缘足沿部露胎无釉，胎质坚致细润，胎体厚重，制作规整，瓷化程度好，釉色呈粉白色，釉面纯净细润，有光亮感，胎釉结合紧密，青花呈正蓝色，色泽青翠浓艳，呈色稳定，圈足呈内斜外斜削式滚圆的"泥鳅背"状（a），釉底面有极细旋削纹（b）与双圈款（c）。器物颈部饰一周带状"人"字形篦纹，器腹上、下部各饰有对称三组缠枝半团花纹，腹中三面海棠形开光内绘有宝鼎与古琴、花瓶与玉书、香炉与镜框（内画海水纹）等博古，四周加卷书、火轮、玉件、艾叶等杂宝环绕。构图舒展大方，分水技法娴熟，层次分明清晰，绘工较为精细，线条纤细流畅，四周留白极为规整，寓意清雅高洁，是雍正朝民窑青花盖罐中精品。

雍正 青花三果纹罐
高：16cm、口径：4.2cm、底径：7cm

　　造型端庄清秀，直小口有釉，短颈溜肩，长圆腹，底腹下略收至底足，圈足釉底，附直壁平顶圆盖。胎质细白、坚硬，胎体厚薄均匀，瓷化程度高，制胎成形规整，釉色呈硬亮青色，釉面匀净细润，有玉质感，用国产浙料，青花呈纯蓝色，色泽青翠明快，底足露胎处光滑细腻无釉，圈足呈圆润"泥鳅背"状，釉底面署青花"大清雍正年制"六字两行楷书款，字体清秀工整。盖顶面饰花卉纹，盖侧面和器物颈部饰如意云纹，底部饰莲瓣纹并在莲瓣内画花朵纹，器腹部一周绘有上下两组折枝石榴、折枝佛手、折枝桃的三果纹，果实饱满圆润，花叶细长淡雅，三种果纹寓意多子、多寿、多福。构图疏朗大方，绘画很精细，渲染层次分明，线条细腻流畅，蓝白相映，给人以赏心悦目的艺术享受，是雍正朝官窑器物。此纹饰寓意丰富，三果均为圆形，以圆寓元，而石榴为多子，故又有多子连中三元（解元、会元、状元）之意。

雍正　青花花卉福禄寿团纹大、中罐
A：高：22cm、口径：9.5cm、底径：13.9cm
B：高：18.7cm、口径：7cm、底径：10.3cm

罐口内敛，短颈丰肩，圆形腹，肩以下渐敛，内凹圈足，附平顶圆盖，形制饱满浑圆。口缘足沿部露胎无釉，A罐胎釉交汇处见一圈火石窑红，胎骨细白，胎质坚密，胎体厚薄均匀，B罐胎壁较薄，仰光透视腹内部能见表面青花纹饰，A罐呈粉白色/B罐呈硬亮青色，釉面纯净莹润，B罐釉表面有桔皮纹，选用浙料，青花A罐呈深蓝色，色泽鲜艳明快，B罐呈淡蓝色，色泽淡雅清丽，圈足呈滚圆的"泥鳅背"状，底部面施薄釉有细旋纹及缩釉产生小棕眼。器物颈部与胫部饰青花地垂云纹和变形莲瓣纹，器腹书有篆字"福、禄、寿"三字团纹，图案方向从右端顺时针排列字体构成圆形状，共有五/四面团纹，书写规范，用笔流畅，线条柔美，字体秀逸，语颇隽永，吉祥祝福，团纹两侧上下绘有一组花卉纹，勾边填色准确。纹饰简洁清新，整体图案留白而突出团纹，犹如点睛之笔，给人以赏心悦目美的感受，福禄寿是古人人生追求的最高境界，有福、利禄、长寿，三星高照，是雍正朝民窑盖罐中精品。

雍正　青花百寿纹大、中、小罐
A：高：20cm、口径：8.5cm、底径：14.7cm
B：高：20cm、口径：8.4cm、底径：13.0cm
C：高：18cm、口径：8.0cm、底径：12.0cm
D：高：18cm、口径：7.5cm、底径：11.0cm
E：高：14cm、口径：4.0cm、底径：6.5cm

　　敛口短颈，溜肩圆腹，腹下渐收，A罐附平顶圆盖，形制饱满规整。口缘足沿部露胎无釉，胎质细润，胎体厚薄均匀，修胎规整，A/B/C罐呈粉白色，D/E罐呈青白色，釉面匀净滋润，胎釉结合紧密，青花A罐青灰色，C罐呈深蓝色，B/D/E罐呈青蓝色，色泽分别是清丽、浓艳，D罐有晕散感，圈足釉底呈"泥鳅背"状，底部面有双圈款和缩釉点。器物颈部一周饰三角形纹和如意垂云纹，底部一圈饰焦叶纹。器腹绘有四到八排篆书的寿字纹，每罐上共有几百个寿篆字组成"百寿纹"图案，字体修长，篆法古朴，书写规范，排列整齐，纹饰清晰，A/C/E罐篆字体相同，B/D罐篆字体局部变化，百寿纹比喻长命百寿、万寿无疆之意，都是雍正朝民窑中器物。瓷器上的寿纹，从古松"寿"纹、仙桃"寿"纹、灵芝"寿"纹、仙鹤"寿"纹、灵龟"寿"纹、莲花托"寿"纹等，到直书"寿"字纹的演变过程，可见古人煞费苦心、对人生长寿的重视。

乾隆青花盖罐

　　清代乾隆朝（1736—1795年），清高宗弘历继位为君，社会与政治稳定，社会财富在康雍两朝积聚下国库充裕，国势在乾隆年间达到极盛。因乾隆帝穷奢极侈，造成全社会崇尚奢华的风气，但乾隆本人具有较高艺术修养，对各类工艺品，刻意求新、求精、求奇、求巧的风格，促使当时包括瓷器在内的各类手工艺品大发展，乾隆帝在位60年是清代封建社会发展的鼎盛时期，将"康雍乾盛世"的繁荣局面推向极至。当时景德镇会馆林立，通过众多商帮，把瓷器利通数十省，虽然国际市场竞争激烈，但当时外销瓷销量也很大，陶工按商人提供的题材描绘制造，生产大批符合西方人趣味的外销瓷，运往欧洲等世界各地。景德镇瓷业生产取得了空前繁荣的景象，不仅民窑兴旺发达，官窑也成就显著，当时御窑厂规模庞大，仍沿袭雍正时期的督陶官制度，特别是在督窑官唐英的管理和监督下，一代名师巧匠在总结和发扬康雍两朝瓷器的艺术基础上，烧出官窑青花瓷仍保持较高的质量和一定的艺术水准，仿古多而创新少，原创意识不及康雍两朝，品种有青花、粉彩、斗彩、釉里红、珐琅彩、色釉等，种类之丰富，器形之齐全，工艺之奇巧，纹饰之广泛，传世品之多，均超过康雍两朝，达到了清代官窑器制瓷业的最高峰，把瓷器从日用品推向赏玩和奢侈品，装饰和造型奢华奇异、繁缛富丽，工艺技术几乎鬼斧神工，为迎合皇帝和一些贵族阶层的喜好和显耀，将景德镇的陶瓷艺术发展最终推向另外一个方向，并延续直到清朝灭亡，乾隆时期其表面的鼎盛下已潜伏着衰落，是中国封建社会发展到一个高峰的末期。此时民窑的发展大体上是与官窑同步进行的，民窑青花瓷生产的旺盛为清代之最，品种之丰富为康雍两朝所不及的，分为精粗两大类器物，大部分民窑产品步步紧紧跟随官窑的装饰风格，以至失去了自己的个性和创造性，反而粗类器物还保留了民窑中自由奔放、简练洒脱的独特风格，品种主要有青花、粉彩、青花釉里红、豆青釉等，但有些民窑精品器物质量与本朝的官窑器相差不多。近人许之衡《饮流斋说瓷》说："至乾隆则华缛极矣，精巧之致，几乎鬼斧神工，而古朴浑厚之致，荡然无存，故乾隆一朝，为清极盛时代，亦为一代盛衰之枢纽也。"景德镇的御窑厂自乾隆中期以后已呈逐渐衰退之势，乾隆五十一年（1786年），朝廷裁去御窑厂协造官，改派饶州府同知和浮梁县巡检共同管理，官窑从此由极盛而转向衰微，大规模的官窑器生产基本结束，从此官民窑制瓷业也逐渐滑坡，青花瓷质量开始显露出下降的迹象，是清代制瓷业从极盛至衰落的转折点。乾隆朝早中期青花盖罐胎体厚薄均匀，胎质坚致细白，但"坚不及康熙，细不及雍正"，制修胎成形规整，底部内凹圈足，呈圆润的"泥鳅背"状；以青白釉（亮青釉、硬亮青釉）为主，釉面肥腴莹润，光泽度好，胎釉结合紧密；青花仍沿用雍正朝的国产浙料，青花发色浓重艳丽，有晕散现象，呈色以"稳定、浑厚、沉着"而称誉，也有仿明代和仿前朝青花的风格；构图严谨，图案呆板，纹饰题材广泛，华丽繁缛，绘工精细；器形是规整、饱满、圆实，形体比例适中，刻意追求精美的意境，有突出饱满俊秀之感，器形"浑朴不及康熙，秀美不如雍正"，但在技巧上远远超过康雍两朝。乾隆朝早中期的官民窑青花盖罐总体质量是上乘的，但与康雍朝同类器物相比有一定的差距，而晚期官窑和民窑中精品青花盖罐质量还是可以的，与早中期的器物相差不大，但是晚期的民窑普通青花盖罐胎骨粗糙，胎体厚重，制修胎成形草率，用青白釉等，釉色亮泽不及前朝，且多有波浪纹或橘皮纹，青花呈色蓝中泛黑，色泽凝重深沉，纹饰繁缛，绘画不细致，器形因重心偏下，底部增大等原因，从规整到呆板演变，器物质量明显下降，这已是清代制瓷业走向衰败的先兆，晚期制作的民窑青花盖罐大多数属于普通器物，毫无艺术性可言，但仍比晚清时的器物卓越，至此中国古代青花瓷的辉煌已告终结。清三代后，当时欧洲的英、法强国的崛起，清政府的封闭和专制，政治腐败，经济衰退，西方列强入侵，瓷器质量一朝不如一朝，直至清朝的灭亡。

表5 乾隆青花盖罐的特征

胎体	重视制瓷质量，胎土淘炼有精细、也有粗糙的，制胎成形规整，烧成温度提高。胎骨洁白细腻，但缺少糯性，胎质坚致润洁，但硬度不如康熙朝、细润度不如雍正朝的器物，胎体厚薄适中，胎体厚重，但胎体比康熙朝轻、比雍正朝器物略重，瓷化程度好，制修胎润致。如果器物用分段拉坯、镶接、利坯等方法制作成形胎体，腹部内已见不到连接痕印，但见有刮／旋胎痕的纹路、缩釉点、鸡爪纹等，本朝旋胎纹是三朝中最窄密的，因为拉坯成形时改进加快陶车上的圆盘转速造成的。而晚期民窑中普通器物胎质欠坚致，胎骨粗糙，胎体偏厚、厚薄不均匀，瓷化程度不高，与康雍两朝比胎体略厚重，成形较草率，是制瓷业走向衰败的先兆。
釉料／釉面	釉料纯净精细，同前两朝釉色相同，有青白釉（亮青釉、硬亮青釉）、粉白釉、浆白釉、灰青釉等多种。以青白釉（亮青釉、硬亮青釉）为主，早中期：釉质细腻坚致，釉层均匀肥腴，釉面匀净莹润、光洁平整，呈白中微闪青的亮青色、硬亮青色，透明度较高，有光亮感；晚期：釉面仍肥腴滋润，但厚薄不匀称，见有缩釉点，比康雍时期青色程度略轻，光亮感也不及前期，且多有波浪纹或桔皮纹，硬亮青釉在晚期后基本消失。粉白釉、浆白釉，釉层较薄，釉面纯净细润，釉色呈细白、僵白色，釉色比康雍时期更白，但不及康雍时期釉面光亮莹润，无论使用以上任何一种釉料，釉面均欠柔和。还有一种灰青釉，釉面滋润，有波浪纹，釉色呈灰青色，使用在普通民窑器物中。通体内外部表面罩有一层青白（亮青、硬亮青）、粉白、浆白、灰青釉等中一种。
青花	青料提炼精纯，仍沿用雍正时期的国产上等浙料，呈色以"纯正、明快、稳定、沉着"著称，青翠艳丽略逊色康雍时期，有深沉凝重之感。早期：呈青蓝色、青灰色，色泽浓重艳丽，呈色不稳定，有晕散感等，和雍正朝时青花差别不大。少部分釉面有桔皮纹和青花有黑色斑点等现象，是仿明（永乐、宣德）青花的风格，也有一些淡描青花，呈淡蓝色，存量很少。中期：呈正蓝色、纯蓝色，色泽浓重鲜艳，呈色稳定，色调明快，晕散现象逐渐减少，为本朝典型青花的风格。晚期：呈深蓝色、黑蓝色，色泽凝重、深沉、淡浅、灰暗等，无明快清丽之感，有模糊偏色等现象，甚至蓝中泛黑，因呈色凝重，导致纹饰的层次模糊不清，是制瓷业走向衰落的一种表现，部分青花的画面中呈指捺般水印。
底足／口沿	早中期，口缘足沿部露胎无施釉，部分器物因胎骨不很精细，露胎处没整修细致，所以口沿、足沿部外侧面见涩圈时利坯刮削留有平行线或旋胎纹的痕迹，有磕碰等现象，特别是胎釉交汇处有刮肖时留下一圈小锯齿痕，部分见有火石深红，不如康雍朝器物露胎处细润光滑。底部是内外斜削式内凹圈足，制修底部面规整，圈足有深有浅、足脊呈尖削状、平切状，也有呈滚圆、圆润"泥鳅背"状，早期的圈足比雍正时期圈足略尖，中晚期的圈足比雍正时期粗壮宽厚、厚薄不匀，圈足底径增大，部分足沿部毛糙粘有窑砂等现象，底部面施釉较薄，有细旋削纹，也有缩釉产生小棕眼等，又不如康雍朝器物圈足规整圆润。晚期：官窑和民窑中精品器物与早中期器物的质量相差不大，而民窑中普通器物制作渐逐粗劣，质量日渐衰退，圈足部向粗糙笨拙演变，如圈足底径增大，足根更宽厚，足脊浑圆，大部分足沿边粘有窑沙等现象。
器形	既有继承康雍的仿古式样，又有本朝创新的式样，器形：规整、端庄、丰满、饱满、圆润、圆实、浑圆、精美、秀美、俊秀、匀称完美。盖罐为敛口、溜肩、圆腹，腹下渐收至底部，内凹圈足，造型饱满圆实，规整精致，形体比例适中，线条流畅，以规整精美取胜。但器形总体上雄浑大气不及康熙时期，高雅秀美不如雍正时期，本朝的器形要突出俊秀之感，晚期的器形已向呆板演变，是器物重心偏下，底部增大，制作粗糙等多种原因造成的。
纹饰／技法	纹饰风格以细致、繁缛、华丽为特色，构图严谨却显得有些呆板，绘画精细但不够洒脱，绘风华丽但纹饰繁缛。在绘画技法上以工笔为主，强调写实与传神，采用涂抹法、涂染法（勾勒平涂渲染）或点青法（勾勒填色点染）等技法描绘，勾勒线条细腻，平涂填色一丝不苟，但显得单调刻板，渲染深浅有层次感，但缺乏康雍时期的力度与生机，又运用点、勾、染、皴、擦等传统技法兼用描绘，使画面阴阳浓淡，逐渐形成浅淡雅丽，立体感强的本朝技术特征。纹饰内容丰富，题材广泛，以吉祥如意、意境通俗为主题，也有仿古题材等，规格化的纹饰束缚，使本朝纹饰艺术创造力有所减弱，不及康雍两朝纹饰精美。装饰纹：人物、动物、山水、花卉（缠枝纹、岁寒三友）、博古、杂宝、吉语等。
款识	双圈、年号、干支、图记、仿明寄托款（大明成化年制）等，官窑器绘工规矩，字体工整，端正紧凑，民窑器字体书写随便，草率歪斜，字间距比较紧密，所以有"草记款"之称，官民窑款以篆书为主，极少部分书写楷书。

注：受南宋画派及明代绘画的影响，清代在瓷器绘画上流行皴法的变化，（大多数）康熙朝早期用披麻皴、中期改用斧劈皴，至雍正朝后又用披麻皴、兼用解索皴、括铁皴等技法描绘。

乾隆　青花婴戏纹罐（一）
高：24cm、口径：9.5cm、底径：13cm

　　造型饱满圆实，罐方唇，平沿敛口，溜肩圆腹，腹下渐收，圈足釉底，附直壁平顶木圆盖。口缘足沿部刮釉露胎，胎质细润坚致，胎体厚薄均匀，制修胎规整，瓷化程度好，釉色呈粉白色，釉面匀净莹润，光亮感强，青花呈青灰色，色泽淡雅清丽，呈色稳定，圈足呈"泥鳅背"状。器物颈部饰一周涡纹，器腹绘婴戏独乐图，有四个天真灿漫的童子，每位童子头部较大，圆润面庞可爱，体态壮实活泼，夺盔帽胜利后，在假山中燃放爆竹的情景，他们表现出的动作和神态，是相互呼应，和蔼可亲，周围衬以洞石、花草、栏杆纹等。用涂抹技法描绘，人物写实传神，衣纹洒脱流畅，纹饰有政治游戏的含意，因"盔"音同"魁"，寓意是高中状元和夺魁后庆贺，为乾隆朝民窑青花盖罐中的佳品。

乾隆　青花婴戏纹罐（二）
高：23cm、口径：9.3cm、底径：12.5cm

敛口短颈，溜肩圆腹，腹以下渐收，内凹圈足，附平顶圆盖，形制端庄饱满。口缘足沿部刮釉露胎，胎质洁白坚硬，胎体厚重，瓷化程度好，制修胎规整，釉色呈粉白色，釉面纯净细润，青花呈正蓝色，色泽深沉明丽，发色稳定，圈足呈滚圆的"泥鳅背"状，底部面有缩釉点和双圈款。器物颈与胫部分别饰三角形纹和双圈弦纹，器腹一周绘有婴戏欢乐图，有体态各异四位童子在庭院中追跑玩戏、疏散身心的活动，每个童子头顶束发，憨态可掬，穿着短袖与花裤，右手舞旗，玩风车，举莲花和花草等场景，四周用栏杆花草、洞石芭蕉纹等衬景。用涂抹技法描绘，童子玩文体的游戏，画面较单调，层次感不强，乾隆朝婴戏纹的人物神态和场面均不及康熙朝婴戏纹饰生动传神，寓意"一路连科、仕途通达、多子多福、喜庆吉祥"，是该朝民窑中普通器物。

乾隆　青花火珠龙纹罐（一）
高：21.5cm、口径：7cm、底径：10cm

底部款识

罐口缘上釉，直口圆肩，鼓圆腹，腹以下渐敛大，内凹圈足，附平顶圆盖，造型规整、俊秀、高贵。胎质坚硬洁白，胎体厚薄均匀，瓷化程度高，制作修胎精致，釉色呈硬亮青色，釉面坚致莹润，有玉质感，用国产浙料，青花呈正蓝色，色泽青翠艳丽，底足露胎处光滑细腻无釉，圈足呈滚圆"泥鳅背"状，釉底面署青花"大清乾隆年制"六字三行篆书款，字体工整规矩。盖沿、器物颈部与胫部饰如意纹、八宝纹、变形莲瓣纹，盖顶、器腹部一周绘有双龙纹，两条五爪行龙腾云驾雾正追赶一火球，龙首刻画精细，龙目圆睁，龙角凸出，龙须怒张，龙鳞细腻，屈身向前，龙爪前伸后张，造型十分生动，动感十分强烈，四周"山"字形火焰纹伸展，长脚如意状卷云飘逸。用勾勒渲染等技法描绘，画工精湛，笔画纤细，线条流畅，纹饰生动清晰，给人以清秀典雅之感。清代规定：五爪龙系亲王以上可绘，此盖罐是乾隆朝典型的官窑器物。

123

反面

乾隆　青花火珠龙纹罐（二）
高：22.5cm、口径：8.7cm、底径：13.4cm

正面

展开图

　　敛口短颈，溜肩圆腹，腹下略收，底内凹圈足，附平顶圆盖，形制饱满端庄。口缘足沿部露胎无釉，胎釉交汇处有火石窑红和锯齿痕，胎质细白坚致，胎体厚重，瓷化程度好，釉面匀净细润，釉色呈硬亮青色，青花采用浙料，呈正蓝色，色泽浓重艳丽，色调明快稳定，圈足呈滚圆的"泥鳅背"状，底部面有极细旋削纹及缩釉点和双圈款。器腹一周绘有一条威风凛凛的四爪行龙，龙头圆实，龙须飞舞，龙目圆瞪，龙嘴张开，龙身健壮，龙鳞细密，龙爪四伸，翻转卷曲，锯齿状背鳍与龙身之间留有一条白线，前方有一颗火珠正在跳跃，龙伸前爪去抓，却失之交臂，可望而不可及，龙的身旁有无数连续呈"山"字形火焰纹环绕，龙的尾部有粗状结实的"一"或"壬"字祥云飘绕，云纹以两个如意形组合为中心，云脚短粗结实，勾线留白不到端部，特征为上端部留白略多。用涂抹法描绘，画工随意不精，笔法生动有力，有层次立体感，虽为乾隆民窑器物中普通作品，但龙给人们一种至高无上的威武、凶猛、雄健之感。

乾隆　青花火珠龙纹罐（三）
高：21.5cm、口径：8.6cm、底径：14.2cm

　　造型饱满圆润，圆口内敛，短颈溜肩，圆形腹，腹下渐敛，附平顶圆盖。口缘足沿部露胎无釉，胎质坚致，胎体厚重，釉面匀净滋润，釉色呈青白色，青花为国产浙料，呈深蓝色，色泽深沉明快，内凹圈足呈滚圆的"泥鳅背"状。器腹绘有一条粗状威武的四爪行龙，龙发飘扬，龙目圆睁，龙鳞精细，前爪追逐一飘动的火珠，粗状十字云纹遮住了龙的部分躯体，大有叱咤风云之势，四周有无数呈"山"字形火焰纹与粗状坚实十字云纹环绕，四爪龙纹图案突出张牙舞爪及怒色的龙头和粗状龙身，给人以第一眼印象就是威武雄壮、气韵生动的感觉，用涂抹法描绘龙纹，纹饰强调龙纹写实与传神，绘工随意粗率，线条流畅洒脱，是乾隆朝民窑中普通器物。

乾隆　青花凤纹罐
高：19.5cm、口径：8.5cm、底径：10.8cm

面二

面一

　　敛口短颈，溜肩长圆腹，弧腹下渐收至底足，附平顶圆盖，造型修长规整。口缘足沿部露胎无釉，胎质坚致，胎体厚薄均匀，制修胎规整，腹部内有刮／旋胎痕、缩釉点、鸡爪纹等现象，通体施有硬亮青釉，透明度较高，釉面纯净莹润，青花呈青蓝色，色泽浓重艳丽，呈色稳定，底部面有旋削纹、细小缩釉点，圈足呈圆滑的"泥鳅背"状。器物颈、胫部分别饰青花地垂云纹和变形莲瓣纹，器腹绘有首尾相对飞舞双凤纹，间饰三个一组中心空的"壬"字祥云纹，飞凤昂首展翅飞翔在祥云之间，特别是凤尾奔放飘逸，如卷曲花枝形状，美丽又动感。用涂抹法描绘，纹饰简洁清晰，绘画细腻传神，线条流畅洒脱，画面将凤凰雍容华贵的姿态表现得淋漓尽致，是乾隆朝民窑中普通器物。

反面

乾隆　青花鹿纹小罐
高：12cm、口径：2.8cm、底径：6.4cm

正面

　　小口短颈，溜肩圆腹，腹下渐收，附平顶圆盖，形制精美规整。口缘足沿部露胎无釉，胎釉交汇处一圈有火石窑红，胎质坚致，胎体较轻，釉色呈白中微闪青色，釉面匀净细润，青花呈青灰色，色泽淡雅明快，呈色稳定，底部是内凹圈足呈尖削状，足沿部圆滑有缺口咬齿的现象，底部面有双圈款、旋削纹和小棕眼。器腹一周绘有双鹿纹，在山上一棵柳树下，一只鹿在栖息，另一只鹿在奔跑，姿态表现得生动传神，栩栩如生，该鹿身上留有白点斑，像梅花纹似的（是该朝画法的特征），四周用假石、小草、云纹陪衬。画面自然逼真，线条流畅生动，渲染层次清晰，因鹿谐音"禄"，古人视鹿为瑞兽，有长寿之意，《述异记》："鹿一千为苍鹿，又五百年化为白鹿，又五百年化为玄鹿"，故此纹饰有功名利禄、长命富贵、福禄双全的吉祥含意。

第三章

小口短颈，溜肩长圆腹，腹下部略收，附平顶圆盖，形制精美规整。口缘足沿露胎无釉，胎骨精细，胎质坚硬，胎体厚重，釉色呈亮青色，釉面匀净肥润，青料淘洗不净，青花呈深蓝色，色泽深浓偏暗，底足是内凹圈足，内外斜削式呈尖削状，底部面有缩釉产生无数小棕眼。器腹一周绘有双螭龙纹，螭龙头部浑圆，双目圆睁，须发丝丝，前龙爪抓住花枝，躯体变形夸张，尾部绘成卷草式，间以"壬"字云纹间隔，四周饰火焰纹。绘工繁密粗犷，线条流畅粗放，平涂无层次感，虽寥寥几笔，但别具神韵。螭是古代传说中的一种动物，属蛟龙类，《说文解字》解释为"若龙而黄，北方谓之地蝼，从虫、离声，或无角曰螭"，螭龙纹是原始社会形成的图腾标志之一，象征着国泰民安、吉祥幸福之意，是乾隆朝民窑中普通器物。"螭龙"与"夔龙"、"应龙"都是明清时期逐渐发展成熟的特殊龙纹，三者之间相互区别：四足、无鳞，无翼者为螭龙；双足、无鳞，有翼者为夔龙；足可有可无、可二可四，有鳞有翼者应为应龙。

乾隆　青花云蝠纹罐
高：19cm、口径：8cm、底径：10.5cm

　　敛口短颈，溜肩圆腹，腹下渐收，内凹圈足．形制端庄圆实。口缘足沿部露胎无釉，胎骨洁白细腻，胎质坚密，胎体厚薄适度，通体施粉白釉，釉面纯净细润，青花呈青灰色，色泽浓重深沉，淡雅稳定，修胎规整，圈足内外斜削式呈"泥鳅背"状。器腹一周通体绘有飞舞的蝙蝠和如意云纹，把蝙蝠画成翼展宽大，圆身小头，在无边无际的如意朵云中成群结队飞舞，如意云纹饱满，组合排列规整，飘带长而洒脱，勾线填色准确。构图繁密严谨，渲染层次清晰，勾线细腻流畅，反映了该朝纹饰崇尚华丽繁缛的风貌，画面充溢着运动的节奏感和活泼的生命力，寓意吉祥幸福、万事如意、富贵无边、洪福齐天。

第三章

B罐

A罐

乾隆　青花团凤纹罐
A：高：23.5cm、口径：9.0cm、底径：16.5cm
B：高：22.5cm、口径：8.4cm、底径：16.3cm

　　造型饱满浑圆，敛口短颈，溜肩腹硕圆，弧腹下渐敛，附平顶圆盖。口缘足沿部露胎无釉，胎釉结合处有火石窑红，器腹部内有镶接痕。胎质坚致，胎体厚薄均匀，制作规整，釉色呈青白色，釉面匀净细润，用国产青料，青花呈纯蓝色，色泽浓艳深沉，底部是内凹圈足，圆滑宽厚呈滚圆的"泥鳅背"状。器物颈与胫部饰青花地垂云纹和莲瓣纹，器腹两层各绘有五个团凤纹间用五个云纹相隔，凤纹呈圆形状，凤首为鸡头形，展开双翼和飘动的凤尾组成，A罐绘有十字形云纹，B罐绘有王字形云纹，云脚细长，上下左右飘逸，勾线填色准确，极为生动洒脱。图案简洁，抽象传神，排列规整，绘画精细，线条流畅圆润，渲染纹饰清晰，追求一种洒脱淳朴和充满活力的艺术风格。

乾隆　青花团蝶纹中罐
高：16.8cm、口径：6.5cm、底径：11cm

　　直口中颈，溜肩圆腹，腹下略收，附平顶圆盖，形制饱满规整。口缘足沿部
露胎无釉，见有火石窑红，胎骨精细，胎质坚致，胎体较轻，釉色呈青白色，釉
面洁净细腻，青花呈青蓝色，色泽青翠深沉，色调明快，底部是内凹圈足呈尖锋
状，有缩釉产生的小棕眼。器物颈部与胫部饰青花地垂云纹和变形莲瓣纹，器腹
绘有头部对顶接触，双翼展翅相连的两只蝴蝶组成团蝶纹，共有四组团蝶纹图案，
中间用两组折枝变形菊纹间隔点缀。用涂抹法描绘，层次清晰，绘工细腻，线条
自然流畅，图案简洁美观又大方，团蝶纹又称为"蝶双飞"，寓意爱情幸福、忠贞
不渝、终生厮守，是乾隆民窑中普通器物。

乾隆　青花山水人物纹罐（一）
A：高：23.0cm、口径：9.0cm、底径：14.0cm
B：高：18.5cm、口径：6.5cm、底径：11.5cm

　　罐口内敛，短颈溜肩，长圆形腹，腹下渐敛，附平顶圆盖，形制规整秀美。口缘足沿部露胎无釉，胎骨精细，胎质坚致，胎体厚薄适度，制修胎规整，釉色呈青白色，釉面匀净细润，青花呈正蓝色，色泽深沉浓艳，B罐呈色不稳定，有晕散感，底足是内凹圈足，内外斜削式呈尖削状，底部面有旋削纹和缩釉点。器腹一周绘有山水人物图，用勾染、皴擦等诸法并用，将山石、树木、房舍、小舟、水波、人物等层次真实感描绘得恰到好处。构图随意饱满，有繁缛之感，特别是近山以"人"字形的样式层层点染，并略加皴擦，层次感较强，与康、雍朝时山水人物纹器物相比，画面缺乏雄浑和隽秀之作，艺术成就不高，为乾隆朝民窑中普通器物。

乾隆　青花山水人物纹罐（二）
高：20cm，口径：7cm，底径：11cm

　　直口短颈，溜肩圆腹，腹下渐收，圈足釉底，附平顶圆盖，形制精美饱满。口缘足沿部露胎无釉，胎质坚密，胎体厚薄均匀，瓷化程度好，制修胎规整，釉色呈白中泛灰色，釉面匀净细润，青花呈青蓝色，色泽清丽明快，呈色稳定，圈足呈滚圆的"泥鳅背"状。器物肩部一圈饰有青花地如意白云纹和白小花朵纹，器腹主题纹样为山水人物图，远景层峦叠嶂的山峰，近景间间茅屋依山而建，古树参天，大雁列队南飞。构图繁密，绘工细腻，笔力雄劲，线条流畅，用披麻皴技法描绘近处山石的突兀（此朝特有画法），用渲染等技法描绘远山和堤岸等，使画面富有真实层次感，具有中国传统水墨画的韵味，为乾隆朝民窑中精品。

面二

乾隆　青花松竹梅纹罐（岁寒三友）
高：22.7cm、口径：8.4cm、底径：13cm

面三

面一

底部

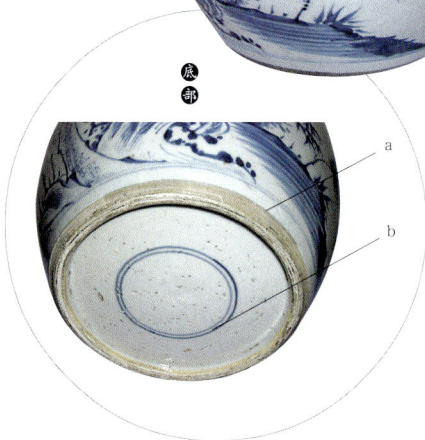

敛口短颈，溜肩圆腹，腹下渐敛，圈足釉底，附平顶圆盖，形制饱满圆实。口缘足沿部露胎无釉，足沿部胎釉交汇处可见整齐一圈锯齿痕（a），胎体洁白细腻，瓷质坚密，胎壁比雍正朝器物厚，釉面匀净细白，光泽莹润，釉色呈浆白色，用国产浙料，青花呈淡蓝色，色泽淡雅清丽，圈足呈内直外斜削式滚圆的“泥鳅背”状，底部面有双圈款与极细旋削纹和小棕眼（b）。器腹一周绘有（松、竹、梅）岁寒三友图，松枝盘曲，松针繁密，显示出松树的苍翠；梅枝曲折，上有盛开的大花梅，也有含苞欲放的花蕾，显示出梅树的灵秀；竹枝挺拔，竹节清晰，竹叶繁茂均下垂，犹如风从天上而来吹拂着竹子，竹旁有破土而出的春笋，显示出竹子旺盛的生命力。因松、竹、梅于万木凋零之际而不畏严寒，各守其节，而彰显高尚品德，用勾染皴擦等技法并用描绘，极富有真实层次感，画工精细，线条流畅，笔力苍劲，画面具有生动逼真、密而不乱的艺术效果，是乾隆朝民窑盖罐中精品。

乾隆　青花牵牛花纹大、小罐
A：高：21.1cm、口径：9.1cm、底径：14.6cm
B：高：14.2cm、口径：4.3cm、底径：7.3cm

　　罐口内敛，短颈溜肩，圆形腹，腹下渐收，附平顶圆盖，形制饱满浑圆。口
缘足沿部露胎无釉，胎釉交汇处有刮削留下一圈小锯齿痕及火石窑红，胎质细腻，
胎体厚重，制作规整，釉色呈青白色，釉面匀净细润，用国产浙料，青花呈深蓝
色，色泽深沉浓重，底部是内凹圈足呈"泥鳅背"状，有极细旋削纹及小棕眼。器
物颈和胫部分别饰青花地垂云纹与变形莲瓣纹，器腹部一周绘有六／四组牵花纹
和叶片纹，牵牛花朵由花冠和花蕊组成，花朵饱满圆润，花冠为漏斗状伸展三朵
花蕊，折枝叶片向上和底部一周延伸连续，花纹间留白极为规整。用涂抹法描绘，
线条流畅、脉落清晰、错落有致、舒展自如的大花大叶，显示了作品奔放自如的
艺术风格。

乾隆　青花竹菊纹小罐
高：12.2cm、口径：3.2cm、底径：5.8cm

　　小口短颈，溜肩圆腹，腹以下渐敛，内凹圈足，附平顶圆盖，形制精巧规整。口缘足沿部露胎无釉，胎骨精细，胎质紧密，胎轻体薄，釉面匀净滋润，釉色呈青白色，青花呈深蓝色，色泽浓艳深沉，圈足圆滑呈尖削状。器腹绘有竹菊和山石纹，肩部采用倒挂方式绘有四朵盛开的菊花，花朵圆润饱满，山石四周还有倒挂细长竹子，无数竹叶均上垂，呈鸡爪形状。山石用层层皴擦描绘，竹菊纹用分水渲染，层次质感强，画工细致，线条流畅，密而不乱，达到自然生动的装饰效果，但艺术成就不高，竹子寓意节节高升，君子高雅，取其"未出土时便有节，及临凌处更虚心"，是乾隆朝民窑中普通器物。

Ⓐ罐

Ⓑ罐

乾隆　青花三果纹罐
A：高：20.6cm、口径：9.2cm、底径：13.0cm
B：高：20.5cm、口径：7.5cm、底径：12.3cm

Ⓐ罐展开图

　　造型饱满端庄，敛口短颈，溜肩圆腹，腹以下渐敛，内凹圈足，附平顶圆盖。口缘足沿部露胎无釉，胎质坚密，胎骨细白，胎轻体薄，腹内部有鸡爪纹及无数小棕眼，釉色 A 罐呈硬亮青色／B 罐呈青白色，釉面 A 罐肥腴滋润／B 罐匀净细润，A 罐光亮感特强，用国产浙料，青花呈青蓝（带黑疵）色，色泽浓重艳丽，色调明快稳定，制修胎规整，圈足呈"泥鳅背"状，底部面施釉较薄有极细旋削纹及小棕眼。器物颈部饰青花地如意纹，胫部饰青花地变形莲瓣纹／变形波纹，器腹部绘有（折枝桃、折枝佛手、折枝石榴）俗称三果纹，每果纹由三个大果实与二／四个小果实用枝干连接，果实内用人为点饰黑褐色结晶斑点，有部分斑点脱釉，是仿明（永、宣）青花高雅的韵味，果实饱满圆润，枝蔓连接流畅，叶片细长而勾脉。纹饰自然生动，用点青法描绘，渲染有浓淡之分，绘工规范细致，线条流畅柔和，桃比喻长寿，"佛"与"福"谐音，寓意"榴开百子"、"多子多福"、"长命富贵"，A 罐是乾隆朝民窑中精品，B 罐是乾隆朝民窑中普通器物。

第三章

137

乾隆　青花缠枝莲纹罐（一）
高：22cm、口径：8.5cm、底径：14.5cm

　　圆井口短颈，丰肩圆腹，腹下渐敛，圈足釉底，形制饱满圆实。口缘足沿部露胎无釉，胎质细白坚密，胎体厚薄均匀，瓷化程度高，釉色呈粉白色，釉面匀净细润，青花呈正蓝色，色泽青翠明快，呈色稳定，圈足呈"泥鳅背"状。器物颈、胫部饰青花地如意云纹与变形波纹，器腹通体用四方连续法绘有缠枝莲纹，莲花中间绘花心四周用六片对称的花瓣环绕组成花朵，花朵圆润饱满，花叶夸张变形，缠绕枝蔓走向清晰。用勾染等技法描绘，纹饰繁缛满密，绘画细腻工整，线条流畅洒脱，具有清雅、美丽的艺术风格，纹饰"青（花）莲（花）"的谐音，寓意"为政清廉"。莲花在古代有称"荷花"、"芙渠"、"芙蓉"、"水芝"、"藕花"等，因为莲花"出淤泥而不染，濯清涟而不妖"，堪称"花中君子"，所以莲纹是清代最多的装饰题材之一，既可以作为主题纹饰（缠枝莲纹）描绘在器物上，又可以作为从属纹饰描绘在器物颈、胫部或画面之中，被古人赋予一系列美好愿望的寓意和圣洁高雅的象征。

乾隆 青花缠枝莲纹罐（二）
高：18.8cm、口径：7cm、底径：10cm

　　敛口短颈，丰肩鼓腹，弧腹下渐收，内凹圈足，附平顶圆盖，形制丰满圆润。口缘足沿部露胎无釉，底部胎釉交汇处可见整齐半圈锯齿痕，胎质纯净紧密，胎体洁白细腻，通体釉色呈亮青色，釉面肥腴细润，有橘皮纹，用国产浙料，青花呈青蓝色，色泽淡雅清丽，圈足圆润呈"泥鳅背"状，底部面有双圈款。器腹通体绘有缠枝莲纹，莲花由十片花瓣和花心组成，用缠绕的枝蔓连接花叶，有细碎卷曲状和写实状的叶片，为四方连续式的构图。用涂抹法描绘，层次清晰，笔法娴熟，缠枝流畅，给人以繁衍连续的感觉，缠枝莲纹是清代瓷器上主要装饰纹样题材之一，用缠枝莲、折枝莲、一束莲等多种多样的方式描绘在瓷器上，倍受人们喜爱，是乾隆朝民窑中普通器物。

乾隆　青花缠枝菊纹罐
高：22cm，口径8.8cm，底径：14.8cm

　　造型饱满浑圆，敛口短颈，溜肩腹浑圆，腹以下渐敛，附平顶圆盖，胎质坚致，胎骨细白，胎体厚重，瓷化程度高，通体施透明釉，釉面匀净细润，釉色呈青白色，青花呈纯蓝色，发色浓艳深沉，呈色稳定，底部是内凹圈足，足沿部露胎无施釉呈滚圆的"泥鳅背"状，底部面有旋削纹和小棕眼。器物颈部与胫部一周饰青花地如意云纹及变形莲瓣纹，器腹一周绘有缠枝菊纹，菊花花朵圆润饱满，菊花中间勾描花心和外绕十八片花瓣组成花朵，用点青法描绘，花瓣上有点缀黑褐色结晶斑点，用缠绕的枝蔓连接花叶，花叶卷曲圆润，是两方连续同花同向构图方式。纹饰繁缛满密，勾线渲染清晰，绘画较为工细，缠枝纤细流畅，具有清新淡雅的艺术风格，是乾隆朝民窑中器物。菊纹饰出现在瓷器上始于宋代前，唐朝黄巢写有著名的菊诗："待到秋来九月八，我花开后百花杀。冲天香陈透长安，满城尽带黄金甲。"

乾隆　青花杂宝／博古纹大、中罐
A：高：21.0cm，口径：8.2cm，底径：14.5cm
B：高：19.8cm，口径：7.4cm，底径：11.4cm

　　罐口内敛，短颈溜肩，圆形腹，腹以下渐敛，内凹圈足，附平顶圆盖，形制饱满规整。口缘足沿部露胎无釉，底部胎釉结合处有锯齿痕，胎质坚密，胎体厚重，腹内部有刮／旋痕和有数条"鸡爪纹"，釉色呈青白色，釉层肥厚，釉面不平整，有缩釉点，青花A罐呈青灰色／B罐呈青蓝色，色泽深沉浓艳，A罐有晕散感，底部修足不规整，足根有缺口咬齿磕碰的现象，圈足呈"泥鳅背"状，底部面有旋削纹和缩釉产生的小棕眼。器腹一周绘有博古与杂宝纹，主题纹饰为博古纹，有瓶插莲花或翎毛、香炉、宝鼎、几案、如意、宝壶、琴棋书画等图案，博古四周环绕杂宝纹，有葫芦、艾叶、双钱、卷书、方胜、火珠、磬等图案。用涂抹法描绘，博古杂宝随意组合，摆放混乱，画工粗糙，但给人以古色古香、清雅高洁之感，寓意"平升三级、梅开五福、玉堂富贵"，为乾隆朝民窑中普通器物。

圆盖

乾隆　青花梵文纹罐
高：19cm、口径：6.7cm、底径：10.3cm

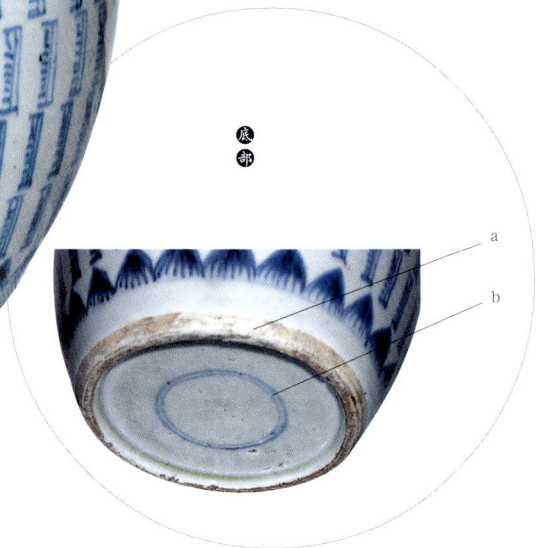

辰部

a
b

　　罐口内敛，短颈溜肩，长圆形腹，腹下渐收，内凹圈足，附平顶圆盖，形制规整圆润。口缘足沿部露胎无釉，胎骨细白，胎质坚密，胎体厚重，釉面匀净滋润，釉色呈粉白色，青花色料为浙料，A罐呈青蓝色，色泽淡雅清丽，略有晕散感，修足粗糙，足沿部还留有釉料（a），呈内外斜削式"泥鳅背"状圈足，底部面施厚釉，有开片纹及双圈款（b）。盖面纹饰由十八字梵文和花心组成，器物颈部与胫部一周饰参差席三角形纹与焦叶纹，器腹中绘满梵文，共六排214个梵文字体组成，字形工整细长，上、下行错落有致，是实体书写，呆板无新意，为乾隆朝民窑中普通器物。梵文即印度古代文字，它的字母由最初的婆罗门字母演变而来，在七世纪时形成天城体梵文字母，"梵"字含有清净、寂静之意，盖罐梵文主要写密宗的种子字或咒语，种子字代表佛，咒语多为佛经中颂词，带有梵文的器物一般是专作佛事的祭祀用器，或是为了宗教信仰的需求而烧造的器物，表达了对宗教的一种尊敬。

清三代青花盖罐

Ⓐ
罐

Ⓑ
罐

乾隆 青花百寿纹大、中罐
A：高：22.5cm，口径：9.5cm，底径：13.5cm
B：高：16.1cm，口径：7.0cm，底径：10.5cm

　　敛口短颈，溜肩圆腹，腹下渐敛，附平顶圆盖，形制饱满圆实。口缘足沿部露胎无釉，A罐圈足胎釉交汇处有半圈锯齿痕，胎质坚致，胎体厚薄匀称，釉色呈亮青色，釉面匀净莹润，青花呈青蓝色，色泽清丽深沉，有晕散现象，内凹圈足呈"泥鳅背"状，底部面有极细旋削纹和缩釉点。器物颈部和胫部分别饰参差席三角形纹与蕉叶纹，器物一周绘有五／七排篆书的寿字纹，共有205／361个寿篆字组成"百寿纹"图案，篆字古朴瘦长，大小排列规整，书写浓淡清楚，笔法纤细流畅，把"寿"字拉长吉祥寓意为"长寿"和"长命百岁"，此罐也可作为祝寿的礼物赠送给长辈，是乾隆朝民窑中器物。三朝中青花百寿纹罐虽同书一个寿字篆体，但各朝均不同，从康熙朝书写的规范，雍正朝书写的规整，到乾隆朝书写的随意，能透露出各朝代的政治经济信息。

乾隆　青花花卉寿字纹罐
高：21.5cm、口径：8.5cm、底径：13.5cm

内腹部

　　敛口短颈，溜肩圆腹，腹下渐敛，附平顶圆盖，形制饱满端庄。口缘足沿部露胎无釉，有刮削平行痕迹及旋胎纹，胎釉结合处均出现清晰的锯齿痕，胎骨粗糙，胎体厚重，腹内部有刮／旋胎痕的纹路和一条明显接痕（a），有无数缩釉小黑点，釉色呈青白色，釉面不平整，有缩釉点，釉层肥腴，青花呈深蓝色，色泽浓重深沉，呈色不稳，有晕散感，底部是内凹圈足，足根粗壮宽厚呈滚圆的"泥鳅背"状。器物颈部与胫部一周饰青花地垂云纹与变形莲瓣纹，器腹一周绘有五个折枝变形莲纹与中间五个篆体"寿"字相隔，画工较为粗糙，书写规整流畅，勾线填色留白，其纹饰内容与康雍两朝青花花卉寿字纹罐是一致的，但它的胎釉、青花、纹饰等特性都不如前几朝，反映了民窑青花瓷从乾隆朝晚期后生产日渐衰落，质量开始显露出下降的迹象，此罐质量就证明这一点。

青花有白地青花和色地青花两大类,地釉是白色的青花为白地青花,前面介绍的盖罐都是白地青花盖罐,有青花盖罐、青花釉里红盖罐、青花加彩盖罐等。地釉带某种色泽,有色地青花盖罐,如青花或釉里红、青釉相结合就是色地青花,有豆青青花盖罐、豆青青花釉里红盖罐等。

一、青花、釉里红、青釉盖罐

(1)青花、釉里红都是釉下彩,釉里红的工艺和青花相似,青花用钴(Co)作着色剂,釉里红用铜(Cu)作着色剂,而青釉用铁(Fe)作着色剂,用青花和釉里红在胎体上绘画后,通过表面罩上一层青釉(如豆青釉等),经高温中一次烧成,呈蓝、红、绿三色一体,色调高雅,相映成趣,成为色地青花釉里红盖罐,有豆青青花釉里红盖罐等。

(2)釉里红始于元代末,到清三代不仅恢复了明代青花釉里红烧制技术,而且在烧窑、配料等技术上又胜一筹,康熙朝烧制出的色调浓艳鲜亮,有浓淡不同层次,雍正朝比康熙朝更为精细,是烧制釉里红最为成功的时期,色泽鲜亮明艳,其艳若宝石的"宝烧红",乾隆朝继承了雍正朝的纯熟技术,呈色纯正艳丽,有深浅不同层次感。清三代青花釉里红盖罐,胎细釉润,绘画工细,线条纤细,纹饰清晰,釉里红略淡雅,红中常出绿色苔点,青花更浓艳,呈色稳定,釉里红与青花配合浓淡相宜,赏心悦目,除官窑器外,民窑器也很普遍。

(3)青釉是一种高温釉,是我国瓷器最古老的品种,青釉在宋、金两朝烧造技术达到历史的高峰,当时生产出了许多精品,如龙泉青瓷等,到了清代青釉的烧造技术更为精致,逐渐形成自己的风格,清三代是青釉发展史上最为辉煌的时代,推陈出新有许多品种,如有深者豆青、浅者东青、更浅者粉青等青釉。a:豆青釉是宋代龙泉窑青瓷釉色之一,而豆青地青花瓷始烧于明宣德时期,大量烧造流行在清三代,清三代豆青青花盖罐,釉质纯净细腻,施釉匀净且肥厚,釉色淡雅如豆青色,釉面精细温润,玻璃质感强,青花发色纯正,多施于凸起的白粉之上,将青花映衬得极为青翠,官民窑均有生产,以康熙朝器物质量最好,乾隆朝生产量最大,大多数有底款。还有一种豆青青花釉里红盖罐,从康熙朝开始创烧,比传统白地青花釉里红盖罐更为秀雅，施釉匀净浓厚，釉面纯净细润，局部多有堆粉，翠蓝与鲜红色相映生辉，在豆青地衬托下格调高雅，官民窑均有制作，以官窑器质量最好，存世量少，多数为康熙朝民窑中精品盖罐。b：东青釉创烧于北宋东窑，清三代东青青花盖罐存世量极少，以乾隆朝产品最负盛名，施釉匀净肥厚，釉色青中闪绿，苍翠欲滴，釉面细腻莹润，玻璃质感较强，有垂流、桔皮纹、小气泡等现象，青花多施于凸起的白粉之上，色泽浓重艳丽，以官窑器为主，多数有底款。

(4)清三代豆青青花盖罐、豆青青花釉里红盖罐等的特征：胎土淘洗细腻，釉料纯净精细，成形制胎细致，烧成温度适宜，无论胎体、器形、纹饰等都同白地青花盖罐瓷制工艺方法一致，质量均为上乘。绘画技法和纹饰：用青花、釉里红在胎体上用勾染等技法描绘纹饰，使画面有深浅不同的层次感，色调和谐统一，多色一体相互照应，极富意趣，艺术成就很高，纹饰主要有动物（鹿纹、鱼纹）、花卉（岁寒三友、果纹）、吉语等，绘画精细，构图简洁，留白较多，线条流畅，纹饰吉祥，寓意丰富。成品烧造难：因青花、釉里红、青釉在烧造时还原气氛很难控制，在同一点烧成温度下，要能几种色泽发色都恰到好处，是较难兼得的，所以烧成难度大，成品合格率低，大部分器物如纹饰局布或整体色彩有晕散、有偏色等现象，极少数器物能达到色泽纯正的效果，所以存世量少，多数是盖罐中精品。

二、青花加彩盖罐

(1)清三代中还有一种釉下青花和釉上彩色相结合的一种青花加彩盖罐，如斗彩盖罐、青花五彩盖罐、青花红彩盖罐等，在胎体上先用青花描绘出纹饰一部分，然后罩上透明釉高温烧成青花罐，再在青花罐釉面上用各种彩料绘出整体纹饰，复入彩炉低温二次烧成，其中青花所占比例一般较多，这些制作精美，色泽缤纷，美轮美奂的青花加彩盖罐，充分显示了景德镇窑彩瓷制作的辉煌成就。

(2)斗彩萌发于明宣德，明正统时期逐步完善将其发展成为斗彩，清三代斗彩盖罐多数为官窑器，器物往往不惜成本，用料讲究精心制作，都有底款，存世量少，艺术价值极高。康熙朝：斗彩盖罐色彩明快而鲜丽，施彩方式仍用明成化时平涂的覆彩加彩等技法描绘，填彩较准确，施彩厚薄均匀，纹饰鲜明清晰，有争奇斗艳之感，康熙斗彩与雍正斗彩不同之处在于施彩料中不含粉质。雍正朝：在康熙朝基础上发展的，工艺更为精湛，无论是造型和纹饰，还是色彩的搭配，均达到了历史上的最高水平，斗彩盖罐色彩淡雅而清丽，施彩方法承袭康熙朝，但再加入粉彩色料，在艺术效果上更具富丽多姿、鲜艳明丽的特色。乾隆朝：斗彩盖罐色彩繁复而华丽，施彩方法以承袭雍正旧制，并在斗彩中运用粉彩，或加入五彩、珐琅彩，或填彩时加饰金彩、黑彩和珐琅彩等，使器物柔和之中透出亮丽，淡雅之中显示瑰丽，可谓绚丽多姿，尽显富贵之气。

（3）青花五彩是以釉下青花和釉上五彩组成的釉下釉上彩，青花五彩始烧于明宣德年间，在明代占彩瓷主导地位，到了康熙朝达到了鼎盛时期，康熙的五彩盖罐以民窑生产为主，康熙五彩以红、绿、黄、褐、紫、黑、蓝等色彩为主。康熙早期的五彩盖罐基本上是沿袭明代青花五彩的风格，胎体较厚重，青花色泽青翠明快，其他色彩浓艳明亮，绘画古朴流畅，中晚期胎体轻薄，色彩明艳轻快，绘画工整细腻。到中期时釉上蓝彩的发明取代了传统工艺中釉下青花的使用，生产出五彩盖罐色彩鲜艳，鲜明透彻，有宝石般的美感，称为釉上五彩，有"硬彩"、"古彩"之称。不管青花五彩、还是釉上五彩，具有色彩丰富繁多，效果热烈浓艳的特点，国际市场特别喜欢这种色彩，当时民窑五彩瓷和青花瓷一样销往欧洲等地，从而使民窑中五彩瓷的制瓷工艺技术不断提高，民窑五彩瓷质量高又特别精美，能与官窑器相提并论，艺术成就比官窑器都高，甚至朝廷中所需的五彩瓷也大部分从民窑中获取的，达到了五彩制瓷的历史最高点。雍正、乾隆两朝五彩盖罐烧造量显著减少，工艺水平不及康熙朝，但雍正朝的胎釉和纹饰的精细程度远胜于康熙朝，雍乾两朝五彩以红、黄、蓝、绿、紫、黑、金等色彩为主，色彩从康熙朝浓艳变为雍乾两朝淡雅柔和、明快艳丽，纹饰从康熙朝质朴雅致变为雍乾两朝明丽疏朗、华丽繁缛，画笔由遒劲变得纤细，以后随着粉彩瓷的兴盛，五彩瓷的生产日趋萎缩，但传世清三代五彩盖罐精品器物是很少见的。

(4)青花五彩与斗彩的区别: 青花五彩中的青花是作为五彩中的一种颜色, 在纹饰中的局部出现, 仅为构成图案整个画面的一种颜色, 而斗彩中的青花是构成图案的主色, 先有青花勾好轮廓线, 釉上色彩按规定的范围填入, 釉上色彩只占次要的烘托作用。青花加彩盖罐特征: 胎质细腻坚致, 胎体厚薄均匀, 釉面纯净光润, 如玉质感的温润, 胎釉结合紧密, 瓷化程度高, 制胎工艺精致, 器形规整秀美, 烧成温度高, 用平涂勾勒或平涂渲染等技法绘描, 绘画工整精细, 线条纤细流畅, 色彩艳丽多姿, 光彩夺目, 尽显富贵之气, 画面有层次和立体感, 纹饰清新淡雅, 主要有人物、龙凤、花卉、团纹等, 是盖罐中的珍品。

清三代盖罐的釉下青花和釉料彩色相结合品种还有很多, 有浅青地青花、蓝地青花、黄地青花、哥釉地青花、釉里三彩等盖罐, 到这里不再一一介绍, 以下按时期选择几只有代表性的斗彩、青花五彩、豆青青花、豆青青花釉里红盖罐等介绍给大家欣赏。

康熙　青花五彩人物图罐
高：22cm、口径：8cm、底径：12cm／早期／日本·出光美术馆藏

正面

康部款识

　　罐口内敛，短颈溜肩，长圆形腹，弧腹下渐收，附直壁平顶圆盖，形制规整饱满。胎质细白坚致，胎体厚重，壁厚均匀，瓷化程度好，制修胎规整，施彩厚薄均匀，釉面纯净滋润，底部是内凹圈足，足沿部露胎无釉，呈滚圆的"泥鳅背"状，釉底面署青花双圈"大清康熙年制"六字两行楷书款，字体规范端正。在胎体上先用青花描绘如人物、屏风等局部的纹饰，然后施上一层青白釉入窑高温烧成，再在青花胎体上用红、绿、黄等色彩描绘出完整图案，入低温窑二次烧造而成，青花呈深蓝色，其它色彩浓艳。盖面部饰青花五彩折枝花卉纹，器腹绘有郭子仪贺寿人物图，有八位人物喜颜悦色，形态生动逼真，特别是官府郭公，身穿着明式宽袖大服，头戴贤冠，慈眉善目，颇为得意传神，四周用庭院、祥云、洞石、花草等衬景点缀，郭子仪为唐代名将，封为汾阳王，有七子八婿，皆位为公卿，此图描绘众人向郭子仪祝寿的场景。用勾染等技法描绘，纹饰层次清晰，绘工较精细，线条流畅生动，有层次立体感，具有较高的艺术观赏价值，该青花五彩盖罐为康熙朝官窑器，是传世珍品。

康熙　豆青青花釉里红鱼纹罐
高：21cm、口径：9cm、底径：14.6cm／中期

　　敛口短颈，溜肩圆腹，弧腹下渐收，内凹圈足，形制饱满圆实。口缘足沿部露胎无釉，胎骨细腻，胎质坚致，胎体厚薄均匀，瓷化程度好，制作成形规整，先在胎体上用青花、釉里红绘制鱼藻纹，施豆青釉入窑烧成，内部釉层较薄，釉面有刮削纹、缩釉点，外部釉层肥厚，釉面纯净滋润，呈色如豆青淡绿色，青花呈灰蓝色，色泽深沉灰暗，釉里红呈暗红色，色泽鲜红偏黑，圈足呈滚圆的"泥鳅背"状。器腹绘有鱼藻纹，豆青色的釉面犹如清澈透底的水面，有青鱼、白鱼、鲤鱼、鳜鱼四条游鱼在水中游下追逐或翻转浮出水面的姿态，每条鱼纹体态优美，栩栩如生，四周绘水藻，有漂浮水上的，也有摇曳在水下的，增加了"水"的动感。纹饰简洁，自然生动，绘工不精，线条流畅，勾染层次清晰，青花与釉里红并用，使色调增辉生色，富有立体真实感。"青、白、鲤、鳜"谐音为"清白廉洁"，而"鱼"与"余"为谐音，寓意为"富贵有余"、"年年有余"，是康熙朝民窑中精品。

康熙　豆青青花釉里红堆白花鹿鹤同春纹罐
高：20cm、口径：8cm、底径：13cm／中期

　　罐方唇，平沿敛口，溜肩圆腹，腹下渐敛，造型丰满圆实。口缘和足沿部刮
釉露胎，胎质坚致，胎体厚重，制修胎规整，瓷化程度好，器物内外部施豆青釉，
内部釉层较薄，釉面有刮削纹、缩釉点，外部釉层厚润，釉面柔和细润，呈色如
豆青淡绿色，青花呈青蓝色，色泽浓重艳丽，釉红呈深红色，色泽纯正鲜艳，纹
饰中局部堆白粉点饰，质感强烈，底部是内凹圈足呈滚圆的"泥鳅背"状。器腹
一周绘有鹿鹤同春纹，有两棵苍劲的古松，松叶繁密，枝干上站立着一只引颈鸣
叫的鹤，空中还有一只鹤在盘旋顾盼，四周环绕着卷云，下面山石旁有三只形态
各异的鹿，有回首观望，昂首前行，俯视踱步，神态逼真，动感强烈。在胎体上
加入白粉堆出局部纹饰，用青花釉里红勾染等技法描绘出完整图案，施釉入窑高
温一次烧造而成，构图疏朗，绘工不精细，线条流畅，四色相映生辉，具有一种
特殊的艺术效果。古人以鹤为仙禽，喻意长寿，而鹿是瑞兽，象征利禄，故二者
组成的纹饰具有吉祥寓意，另鹿鹤谐音六合，松树比喻长寿，故此纹饰有六合同
春，指天地万物春来吉祥之意，为康熙朝民窑中精品。

康熙　斗彩（青花红彩）龙凤纹小罐
高：13cm、口径：4.6cm、足径：10.4cm／晚期／故宫博物院藏

正面

底部款识

大清康熙年製

　　直小口有釉，短颈溜肩，扁圆鼓腹，腹下渐敛，圈足釉底，附直壁平顶圆盖，造型敦实秀美，浑圆高贵。胎质细密坚硬，胎轻体薄，厚薄匀称，瓷化程度高，精工细琢，施彩厚薄匀称，釉面纯净细润，胎釉结合紧密，玉质感强，底足露胎处细腻无釉，圈足呈滚圆"泥鳅背"状，釉底面署青花双圈"大清康熙年制"六字两行楷书款，是中锋运笔，规整端正。器物以斗彩作辅助纹饰，用青花在胎体颈、肩、盖等处先勾描出部分纹饰轮廓线，施罩上一层粉白釉入窑高温烧成，再在釉下青花轮廓线内填上紫、绿等彩料，器腹中间用矾红彩料绘出龙凤主题纹饰，复入彩炉低温二次烧成，盖面部饰团菊纹，红花绿叶盖边缘饰16朵小花，依黄、绿、紫、绿的顺序作两方连续的纹饰。器腹颈部与胫部一周饰变形莲瓣纹，器腹中间用矾红描绘有龙凤首尾相逐戏珠纹，龙是威武雄壮，腾云驾雾，凤是昂首展翅，凌空飞舞，纹饰清晰，线条优美，笔力酣畅，绘工精细，动感十足，特别是填黄色的火珠球，有长长的、粗壮的火焰在飞舞，四周环绕连续的"山"字形火焰纹和如意云纹。以一龙一凤组成的图案俗称"龙凤呈祥"，龙为百兽之王，凤为百鸟之王，龙凤系神兽瑞鸟，龙纹表示皇帝，凤则象征皇后，此盖罐为宫廷中帝王婚礼摆设的御用器物，斗（红）彩艳丽呈现出热烈喜庆的气氛，寓意吉庆瑞祥、幸福安康、国泰民安。

康熙 釉上五彩（开光）人物／博古纹罐
高：24cm，口径：10cm，底径：14cm／晚期／荷兰阿姆斯特丹 RIJKS 博物馆藏

造型端庄圆实，敛口短颈，溜肩圆腹，腹下敛收，附直壁微弧平顶圆盖。口缘足沿部露胎无釉，胎骨细腻，胎质坚硬，胎体厚重，瓷化程度高，成形规整，胎釉结合紧密，施彩厚重，釉面透澈明亮，釉上蓝彩，蓝中泛紫，其它色彩浓艳，底部是内凹圈足，呈滚圆的"泥鳅背"状。在胎体上先罩上一层粉白釉入窑高温烧成素胎，在素胎上以红、黄、绿、蓝、紫等彩料绘制人物／博古纹饰，再入彩炉低温二次烧造而成，烧成后的色彩呈玻璃状，有坚硬的质感，又称"釉上五釉"、"硬彩"，有宝石般的美感。盖壁面饰上、下相错八组仰覆云肩纹，间饰折枝菊纹，盖顶面饰博古纹，有瓶和炉等博古器。器物颈、胫部分别饰折枝菊纹、卷云纹、双圈弦纹和点圈纹，器腹四面菱花形开光内绘有博古和人物图，有香炉、书函、宝瓶、三戟等，中间二面扇形开光内绘有人物故事图，描绘内容是书生希望升官发财的愿望，追求高官厚禄的生活，要拥有庭院、楼房等财物，开光间上、下部各饰对称四组把莲纹、折枝牡丹纹。用平涂等技法描绘，绘工精细，给人以丰富多彩、琳琅满目之感，该罐与青花（开光）人物／博古纹罐的纹饰是一致的，都是民窑器物，但五彩盖罐艺术成就更高，能与官窑器相提并论，所以说康熙朝民窑五彩瓷的技艺达到了历史的最高峰。

雍正　斗彩岁寒三友纹小罐
高：10.5cm、口径：3.8cm、底径：4.6cm

　　直小口有釉，短颈平肩，直腹渐敛，内凹高圈足，附直壁宝珠形钮，造型奇巧秀美。胎骨精细，胎质坚致，胎薄体轻，瓷化程度高，制胎成形精细，釉面纯净细润，胎釉结合紧密，圈足呈圆润的"泥鳅背"状，釉底署青花双圈"大清雍正年制"六字二行楷书款，字体清秀有力。用青花在胎体上先勾描出完整三友图的纹饰轮廓线，罩上一层硬亮青釉，入窑高温烧成，在釉上青花轮廓线内再填上各红、黄、绿等彩料，复入彩炉低温二次烧成。盖面部饰梅枝纹，器腹绘有梅竹纹，把傲雪报春的冬梅，挺拔多姿的翠竹，表现得极为逼真生动，因梅则寒冬生花，竹经冬不凋，故同称为"岁寒三友"。用点彩、染彩色等技法描绘，笔法简洁流畅，色彩浅淡亮丽，有层次立体感，寓意"梅竹报春"，是雍正朝官窑器物。

a

b

乾隆　豆青青花团花纹罐
高：22.5cm、口径：7.8cm、底径：13.5cm／早期

　　罐口内敛，短颈溜肩，腹下渐敛，内凹圈足，形制饱满精美。口缘足沿部露胎无釉，胎釉交汇处一圈见火石窑红色，胎骨洁白细润，胎质坚致细硬，胎体厚重，瓷化程度好，制胎成形规整，用国产浙料，在胎体上用白粉先描绘出纹饰，再用青花在凸起白粉之上绘出纹饰，所以纹饰四周均留有白粉边饰，器物内外部施一层豆青釉入窑烧成，青花呈蓝黑色，色泽浓艳深沉，内部釉层较薄，釉面有旋胎纹和缩釉点，外部釉层肥腴，纹饰釉面不平整，其它釉面匀净细润，色泽如豆青葱翠，圈足呈滚圆的"泥鳅背"状（a），釉底面署青花"大清乾隆年制"六字三行篆书款，字体端正紧凑（b）。器腹绘有三组团菊纹，每一组团菊纹由中间一朵菊花，四周内环绕变形折枝花叶，外环绕如意云纹组成圆形状，团纹中间上、下部绘有两条夔龙纹，龙首点睛，龙身扭曲，龙尾卷草状，中部绘有一朵小花朵。构图简洁明快，纹饰美观雅致，绘工规范精湛，线条流畅自然，平涂填色准确，有层次感，艺术成就高，是乾隆朝民窑中精品器物。

乾隆　斗彩团菊纹小罐
高：12.1cm、口径：4.8cm、底径：7cm／南京博物院藏／中期

　　器形典雅清秀，直小口有釉，短颈溜肩，鼓圆腹，腹下渐收至底足，内凹圈足，附直壁平顶圆盖。胎骨洁白细腻，胎质细密坚硬，胎体厚薄匀称，瓷化程度高，制胎成形精细，施彩厚薄均匀，釉面纯净光润，胎釉结合紧密，给人以剔透坚硬的玉质感，底部圈足光滑规整，呈圆润的"泥鳅背"状，釉底面署青花"大清乾隆年制"六字三行篆书款，字体工整紧凑。斗彩中青花呈青蓝色，色泽清丽淡雅，其它彩料如红、黄色彩呈富丽华贵，绿色呈纯正柔和，在胎体上先用青花勾描出完整团菊图的纹饰轮廓线，然后罩上一层硬亮青釉高温烧成，再填上各彩料复入窑中低温二次烧成。盖顶面饰一组团菊纹，盖壁面饰四组缠枝莲纹，器腹上、下部一圈四条双圈弦纹内各绘有青花蓝地深浅梅花纹。器腹中部绘有上、下错落排列的四组团菊纹，每组团菊纹中上、下各有一朵菊花，红、黄色彩花瓣细长，花蕊是绿色彩网格状，两边两片绿色彩花叶环绕菊花组成团形状，团花纹之间绘有四组缠枝莲纹，中间有一朵红、黄色彩莲花，用红、黄、绿色彩上、下对称四方位缠着枝蔓展开，线条纤细流畅。此罐形制等均仿明成化斗彩瓷，图案清新悦目，绘工精湛细腻，色彩丰富柔和，纹饰繁缛华丽，绚丽多彩尽显富贵之气，是乾隆朝官窑器物。

乾隆　豆青青花五福纹罐
高：22cm、口径：8.2cm、底径：15cm／晚期

　　敛口短颈，溜肩圆腹，弧腹下渐收，附平顶圆盖（第七章已介绍），形体端庄秀美。口缘足沿部露胎无釉，口缘一圈见火石窑红（a），胎质细润坚质，胎体厚薄均匀，瓷化程度好，制修胎规整，器物内外部施豆青釉，内部釉层薄，釉面有旋胎纹、缩釉点，外部釉层肥厚，纹饰釉面不平整，其它釉面匀净滋润，色泽如青豆，发色淡雅柔和，底部是内凹圈足，胎釉交汇处有刮削体留下的一圈锯齿痕（b），足沿部有点粘沙现象（c），圈足呈滚圆的"泥鳅背"状，釉底面署青花"大清乾隆年制"六字三行篆书款（d），字体歪斜紧凑。在胎体中间用白粉先描绘出五个隶书"福"字，再在凸起的白粉之上用青花书写隶书"福"字，施釉入窑烧成，青花呈纯蓝色，色泽浓艳深沉，字体端正，书写工整，饱满圆润，文字外均有白粉边饰，画面简洁明快，主题纹饰突出，《尚书·洪朗》中记载："一曰寿（福寿绵长），二曰富（富足尊贵），三曰康宁（健康安宁），四曰仁好德（仁善宽厚），五曰考终命（临终时无祸），是谓五福"，而罐腹中五个福字环绕，加上盖面上的寿字，指出了寿为五福之首，意思为"五福捧寿"、"五福临门"，是乾隆朝民窑器物。

乾隆　青花釉里红狮纹大罐
高：30cm、口径：10cm、底径：13cm／晚期

　　造型饱满端庄，敛口短颈，溜肩圆腹，腹下渐收，圈足釉底。口缘足沿部露胎无釉，胎釉交汇处有一圈火石窑红，胎质坚致，胎体厚薄均匀，制修胎体规整，釉色呈粉白色，釉面匀净温润，青花呈青蓝色，色泽淡雅青翠，釉里红呈深红色，色泽深沉鲜红，呈色都稳定，底部是内凹圈足，呈滚圆"泥鳅背"状。器物颈部青花地饰如意垂云纹，胫部饰变形焦叶纹，器腹绘有三只狮子戏球纹，有狮子扭头瞪眼齿利，还有狮子仰头紧咬飘带，每只狮子体大雄状，尾毛昂起，四肢向前，鬃毛密而卷曲状，四周有缭绕的火焰、飘动的绣球、飞舞的飘带衬出狮子的动感。用勾染等技法描绘，绘工不精细，画意生动活泼，线条细密流畅，狮子产自非洲等地，有兽王之称，狮纹具有驱邪的作用，古人因狮与"师"谐音，比喻古时官职中的太师、太傅、太保，寓意官至极品，位列三公，为乾隆朝民窑器物。

一、造型

　　由于每个时代的社会文化、审美趣向、制造工艺的不同，造成了不同时代的器物各有其独特的时代特征。盖罐的外观特征最直观的就是其造型，总体上说唐代以丰满为美，宋代喜好清秀，元代喜欢饱满端庄，明代则崇尚古拙庄重，而清代的造型与各朝略有不同。同一类型的盖罐在不同朝代，往往也会有鲜明的时代特征，摸清其器形演变规律，是为盖罐鉴定断代时的重要依据。清三代青花盖罐器形演变过程规律特征见图1。图1-1：康熙朝早期的器形，造型简朴饱满，溜肩、圆腹、腹下渐收，线条流畅舒展。图1-2：康熙朝中期的器形，造型饱满圆润，溜肩、圆腹、腹下渐收，线条流畅秀美。图1-3：康熙朝晚期的器形，造型丰满圆实，略丰肩、鼓圆腹、腹下渐收略大，线条柔和精美，形体略丰肩，有鼓腹之感。图1-4：雍正朝的器形，造型丰满肥硕，丰肩、鼓腹、腹下渐收较大，线条圆润俊美，形体有肥硕、丰肩、鼓腹之感。图1-5：乾隆朝的器形，造型饱满秀美，溜肩、鼓圆腹、腹下渐收，线条匀称精美。清三代青花盖罐造型为康熙朝为挺拔硬朗、雄浑大气的阳刚之美；雍正朝为体态丰满、圆润柔美的阴柔之美；乾隆朝为俊秀精致、饱满圆实的规整之美，乾隆朝晚期后因盖罐重心偏下，底部增大等因素，造成器物的造型不如康雍两朝优美。清三代青花盖罐造型追求整体的适度与和谐，用纹饰的布局和造型的优秀来追求器物的完美，同时讲究线条变化，注重比例协调，刚柔相宜，耐人品味。

二、重量

　　清三代青花盖罐的重量，康熙朝：因胎土纯净细腻，淘洗精细，富有糯性，制胎规整，修胎精细，胎质坚硬，胎骨密度高，瓷化程度高，所以胎体重量是三朝中最重的，早期胎体笨拙是笨重，中期胎体匀称是厚重，晚期胎体变薄为稍重。雍正朝：胎土纯净细腻，胎质比康熙朝硬度低，但柔性增加，成形工艺规整，胎体薄厚均匀，瓷化程度好，胎体重量是三朝中最轻的。乾隆朝：胎质坚致，胎骨细腻，缺少糯性，但坚硬度不及康熙朝，细润度不如雍正朝，胎壁比雍正朝略厚，早中期制修胎细致，胎壁厚薄适度，胎体重量偏轻，晚期逐渐制作粗糙，与康熙、雍正朝相比，胎壁略厚，胎体重量偏重，总体上讲，胎体重量比康熙朝轻，但比雍正朝要重。同样大小的器物，官窑盖罐因胎土精细，杂质极少，胎质坚硬，制胎成形规整，烧成火候适度，瓷化程度极高，胎骨硬密度大，虽胎壁不厚，但盖罐重量是沉重的。民窑盖罐，虽胎土细腻，胎质坚致，但制胎成形不很细致，烧成温度和气氛不到位，瓷化程度不高，胎骨坚硬度降低，盖罐重量是厚重。现在存放在博物馆内每朝各品种的瓷器都有重量范围要求，重量不能相差很大，否则是后仿产品，肯定有问题，一般瓷器鉴定高手一掂器物重量便可知其大概，如是否真伪、是何时代等，或敲击器物听音质便可知胎体的密度等，也就是长期实践经验的结果。

三、纹饰

纹饰是人们主观意识的产物，盖罐上的纹饰就像一个人的衣冠，它有明显的时代风格与特色，和当时的社会风俗、时代背景、帝王的喜好等都有关。细心观察研究，不难发现每个时期都有特定画法和风格，有它特有的纹饰和特别常见的纹饰。我们必须对盖罐纹饰的民族性和时代特殊性有深刻的了解，再从纹饰布局、风格、题材及绘画方法等方面来加以分析，这样才能有助于我们正确地判定每一件盖罐的时代。清三代盖罐总体纹饰，康熙朝民窑精品盖罐上纹饰，因不受官窑规定的约束，原创意识强和题材广泛，有气度恢弘之感，具有很高的艺术水准，为前人所无之独创，康雍两朝官窑盖罐上的纹饰，图案新颖多姿，绘画精细工整，有清秀典雅的风貌，但或多或少有些程式化倾向，代表着当时瓷绘技艺的最高水平，而乾隆朝官窑盖罐上的纹饰由雅趋俗，繁缛华丽，格调稍逊色康雍两朝，而清三代民窑盖罐上纹饰大部分自由奔放，简练洒脱的独特风格，还有一部分跟随官窑的装饰风格，以至失去了自己的个性和原创性。现以婴戏纹罐图中童子为例，简要说明清三代纹饰时代特征: (1)康熙青花仕女婴戏纹罐（四妃十六子纹）上绘有十六位童子玩耍场面，十六子为十六相或十六族的引申，指古代传说中高阳氏的后代八恺和高辛氏的后代八元，此为舜向尧推荐的十六贤臣，因各有大功，皆赐姓氏，故称十六族，此纹饰有吉祥寓意，象征望子成才、多子多福、妻贤子孝的含意。(2)康熙青花（百）婴戏纹小罐上绘有百位童子练武姿态，是康熙皇帝吸取明亡的教训，对"尚武"和"习文"十分重视。(3)康熙青花状元及第纹罐上绘有身穿官服骑在麒麟上童子，前后都有童子相随，反映了当时社会风气及士大夫的心态，祈求升官发财、衣锦还乡、多子多福、光宗耀祖之意。(4)康熙朝所有青花婴戏纹罐中每个童子头部都是头顶束发，后脑凸起，只勾轮廓线，绝少填色，这是受当时的陈老莲画风影响。(5)康熙／雍正青花（开光）婴戏纹罐，康熙朝童子是手持莲叶，雍正朝童子是手持荷花，雍正朝时童子的体态比康熙朝时童子的体态都要圆润壮实，寓意连生贵子、子嗣连续。中国佛教从古印度传入，佛图都绘有佛教的创始人佛祖（乔达摩·悉达多），他每次诵经讲道时就端坐于莲花之中，众僧人弟子坐在扶摇的荷叶之上聆听，所以寺院里的佛像都是以莲花为宝座，荷花被佛家喻为佛花、圣花，将荷花的清、净、圣、洁的品格定为四德，所以婴戏纹中有莲花被古人赋予一系列美好的愿望。(6)乾隆朝婴戏纹罐，纹饰是模仿康熙朝婴戏纹的风格，有玩文体和政治游戏的，如有争夺灰帽等场面，童子人数少体形大，但不如前朝婴戏纹生动传神，康熙朝童子造型多少有些抽象夸张，而乾隆朝童子的头部较大，其他体形基本合乎比例，是写实的绘画，所以乾隆朝的婴戏纹饰是最好鉴别的。我们从每个时期瓷器上纹饰等演变，更能体现出"与时俱进"的历程，所以景德镇的民窑制瓷业，从乾隆朝晚期开始是以提高生产力，降低产品的成本为主，出现盖罐的质量一朝 不如一朝的现象。

四、腹内部

瓷器鉴定是一门综合性经验学科，只有多读书，多看实物，反复对比，虚心请教，才能体味其中的真谛。前面已经介绍过盖罐的外部特征，如器形、纹饰、青花、胎釉、底足等，我们还要了解盖罐的腹内部特征，这样才能全面提高自己鉴赏能力。一般我们用强光电筒照射盖罐腹内部检查。(1)仿品器腹内部特征：现在使用灌浆方式加工盖罐（普通仿品），盖罐内底部面部是平整的，内壁部面都有规律细旋胎痕，部分有伪造不匀称的鸡爪纹，因为目前都是底部与器身分段镶接的，所以内底部面与内壁部面连接生硬，胎釉过新，厚薄匀称，而腹内部釉层特薄，釉面光滑干燥，带有贼光，有涂抹肮脏等伪造现象，毫无岁月变化的痕迹。(2)真品器腹内部特征：古代用手工拉坯方式加工盖罐，利坯时对盖罐内腹部面修整较粗糙，或上、下坯体镶接后没在连接处刮削平整，而大部分民窑盖罐对内腹部面没进行利坯修整，所以盖罐内底部面与内壁部面留有不规则的粗或细刮胎痕、修胎痕、旋胎痕等，厚薄不均匀，纹路相同或不同，凹凸不平，连接自然，而部分上、下坯体中间镶接处留有不明显连接痕印，腹内部釉层较薄但很均匀，釉面温润带有宝光，有缩釉产生的小（黑）棕眼，部分有鸡爪纹和划痕等自然磨损现象，有旧器感时代风格的痕迹，还有康熙朝器物中部分腹内部与器身釉料是不一致的等。目前市场上仿品盖罐很多，高仿品制作的水平很高，不小心就会受骗上当，只有鉴别盖罐内外部全部特征，才可判定器物的真伪，提高我们自己的欣赏水平和甄别能力。

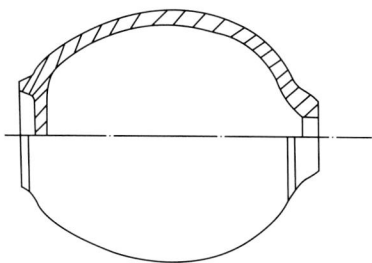

图 1—1

康熙（早期）

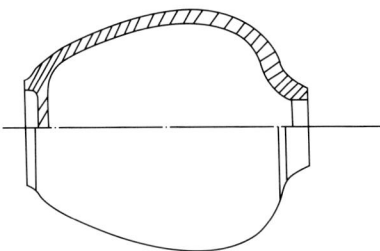

图 1—2

康熙（中期）

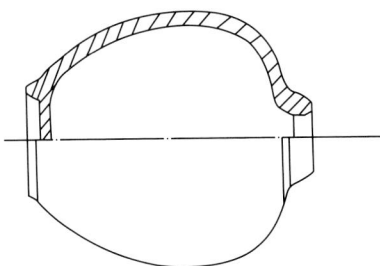

图 1—3

康熙（晚期）

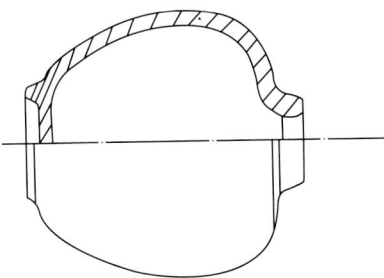

图 1—4

雍正时期

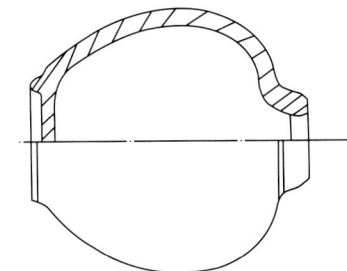

图 1—5

乾隆时期

图1 清三代青花盖罐器形演变示意图

五、款识

　　款识又称"铭文"，本指古代钟、鼎等青铜彝器上的文字，后引申为书画、陶瓷、漆器等文物上的题铭文字。清三代盖罐款识是指器物底面上的记号，也是器物装饰中的附属物，种类有年号款、干支款、堂名款、寄托款、图记款、花押款、几何纹样款等，清三代官窑器款书写最多，比较规整，民窑器款较少，精粗都有。因款识内容丰富，形式多样，真伪复杂，由于近年来随着收藏热的不断升温，清三代器物价格持续走高，造假者在制作仿品时，着重点的是仿器物款识，所以我们鉴定时不能单独从器物款识来断代，如有年号款的器物，可能是寄托款后仿器物，部分官窑器也无款识，有款的也不是官窑器等，只有通过分析器物款识基本特征文字排列、字体内容、边框部位等方面与真款识认真比对，还要结合器物器形、胎釉特征、青花纹饰风格等诸方面综合鉴别，从而达到辨其真伪、准确断代、评定价值的目的，所以款识为器物鉴定断代提供部分科学的依据。

　　(1)康熙朝：康熙早期民窑盖罐多数为无款识，只有少数器物有双圈款、图记款、干支款、堂名款、仿明寄托款(大明成化年制等)、仿明"天"字款等，多数书写楷书款，绘工略粗，书写随意，字体规整。康熙十六年，浮梁县令颁发"禁镇户瓷器书写年号及圣贤事迹，以免破残"，所以康熙早期官窑盖罐极少有年号款和干支款等，多数书写楷书款，笔划粗重，字体宽肥，具有晚明的遗风。康熙中、晚期民窑盖罐多数无款识和双圈款等，只有少数器物有图记款、三圈款、吉语款、堂名款、仿明寄托款(大明成化年制／大明宣德年制／大明嘉靖年制等)、年号款(大清康熙年制)等，多数书写楷书款，绘工工整，书写随意，字体端正，少数民窑款书写较草率，但顿挫有力。康熙中、晚期官窑盖罐有年号款(大清康熙年制)、仿明寄托款(大明成化年制／大明宣德年制)等，多数书写楷书款，绘工精细，书写工整，字体清秀，雄浑有力。见图2(a)。

　　(2)雍正朝：雍正时期民窑盖罐多数无款识和双圈款等，只有少数器物有年号款(大清雍正年制)、仿明寄托款(大明成化年制)等，大部分书写楷书款，极少数书写篆书款，绘工规整，书写流畅，字体规范，但笔力欠佳，字间距比前朝紧密，雍正时期官窑盖罐有年号款(大清雍正年制)、仿明寄托款(大明宣德年制)等，大部分书写楷书款，极少数书写篆书款，绘工精细，挺拔峻俏，字体秀丽，结构方正，字间距比康熙朝缩小一点。见图2(b)。

　　(3)乾隆朝：乾隆时期民窑盖罐多数无款识和双圈款等，只有少数器物有年号款(乾隆年制、大清乾隆年制)、仿明寄托款(大明成化年制)等，大部分书写篆书款，极少数书写楷书款，绘工不精，书写粗细不一，粗款书写随便，字体潦草，歪斜变形，几乎不识读，有"草记款"之称，精款书写规范，字体端正，笔画有力，字间距紧密。乾隆时期官窑盖罐有年号款（大清乾隆年制）、干支款等，多数书写篆书款，书写工整，字体秀丽，端正紧凑，落笔利索，也有书写楷书款，字体清秀，端正有力，乾隆时期字间距是三朝中最紧密的。见图2（c）。

　　清三代青花盖罐款识都是青花款，鉴别时根据各时期所用青花料不同，青花发色效果是不一样，因书写款识是作为绘画中单独的一道生产工序进行，由专业陶工用毛笔书写，所以款识上笔法，有深有浅，有精有细，字体自然流通畅，排列都有规律，若用高倍放大镜照视，见有青花深彻釉底下沉，无漂浮之感，周围有均匀分布透明无数密麻的中和小气泡。还有常见的双圈款，在底面中心绘双圈，内外圈比较靠近，外圈稍粗，内圈稍细，圆圈起讫在同一点上，天衣无缝等特征，鉴定款识我们要从它的笔法、字体、款色、字数、落款的位置，青花釉料，结构和布局等多方面去观察，掌握款识的时代风格和特征。

图2（a）康熙时期盖罐款识

一、民窑款（早期）

1. 双圈款

2. 图记款

3. 仿明寄托款

4.仿明"天"字款

5.干支款

6.堂名款

二、民窑款（中晚期）

1.双圈款

2.三圈款

3. 图记款 a

图记款 b

4. 仿明寄托款 a

仿明寄托款 b

仿明寄托款 c

5. 年号款 a

年号款 b

6. 吉语款

三、官窑款

1. 干支堂名款

2. 年号款 a

年号款 b

3. 仿明寄托款

图2（b）雍正时期盖罐款识

一、民窑款

1. 双圈款

年号款 b

2. 年号款 a

年号款 c

年号款 d

二、官窑款

1.年号款a

年号款b

年号款c

2.仿明寄托款

图2（c）乾隆时期盖罐款识

一、民窑款

1. 双圈款

2. 年号款a

年号款b

年号款c

3. 仿明寄托款

二、官窑款

1. 年号款

放大款识

2. 干支款

清三代青花盖罐各部位用语术语、分段拉坯方法、
制瓷工艺

（一）清三代青花盖罐各部位用语术语、分段拉坯方法

　　前面章节中每一朝代，都有单独一篇介绍盖罐局部特征，这里将清
三代青花盖罐各部位用语术语、分段拉坯方法，向大家作一个的叙述，并
附图加以说明，使大家对盖罐各部位的特征有更深的认识。

盖罐示意图

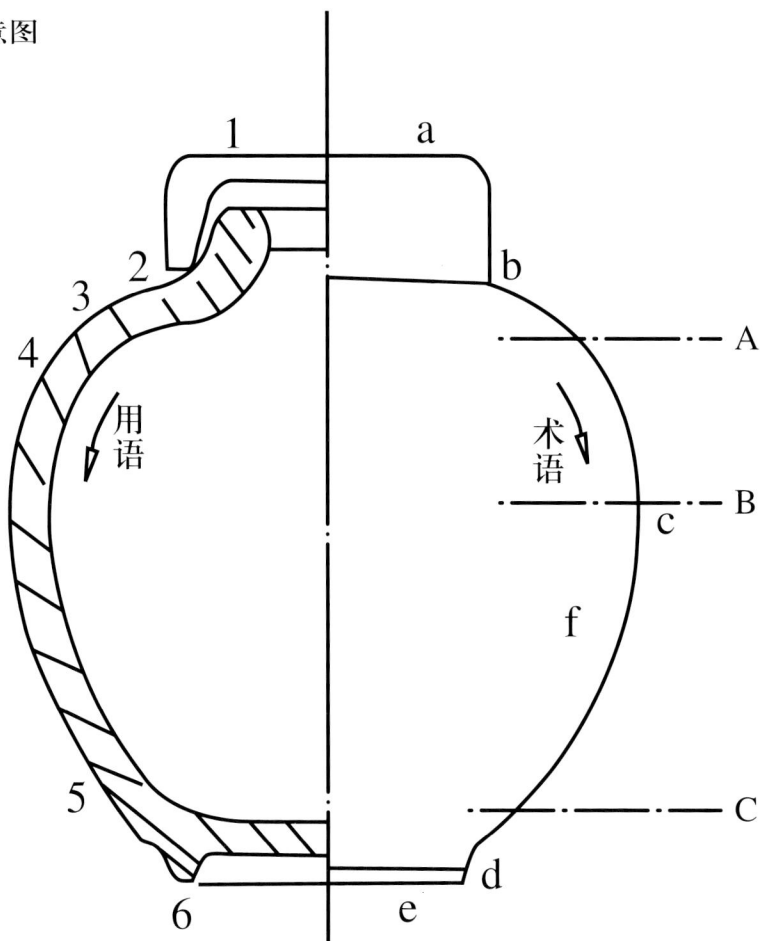

图3

　　注：(1).图左1至6处见（二）、各部位用语；其中1处：盖部－见第七章中罐
"盖"，2、3处：口沿部－局部位①，4、5处：圆腹部－局部位②，6处：底足
面部－局部位③，胎釉、青花、纹饰、器形等－见每章节中各时期特征的介绍。

　　(2).图右a～f处见（三）、各部位术语。

　　(3).中、大类（琢器）盖罐或A、或B、或C镶接，其中B处两接头分段拉坯
方法见（四），明清时期制作最多。

各部位用语 （1～6）

①、口沿部种类 （**图4**）

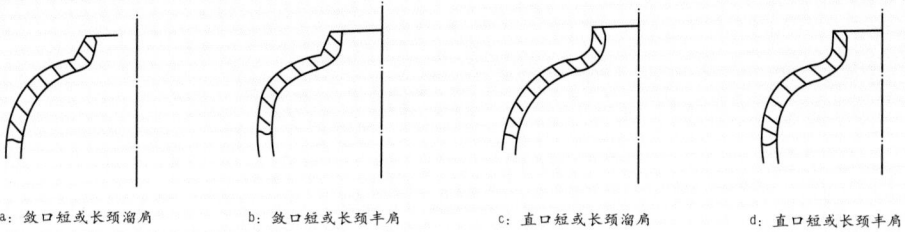

a：敛口短或长颈溜肩　　b：敛口短或长颈丰肩　　c：直口短或长颈溜肩　　d：直口短或长颈丰肩

②、圆腹部种类 （**图5**）

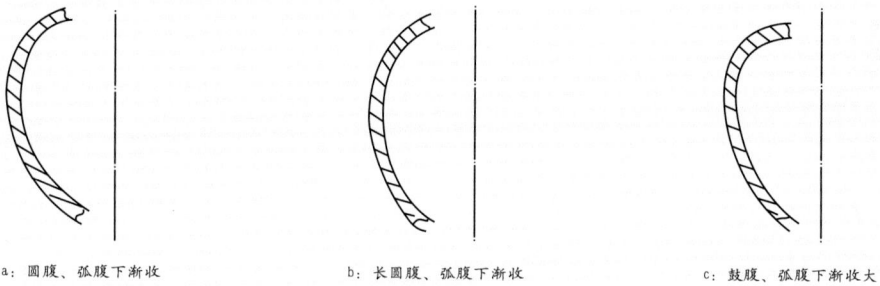

a：圆腹、弧腹下渐收　　　　b：长圆腹、弧腹下渐收　　　　c：鼓腹、弧腹下渐收大

③、底足面部种类 （**图6**）

A：内凹圈足

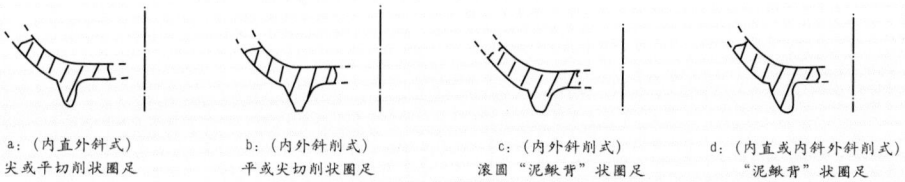

a：（内直外斜式）　　b：（内外斜削式）　　c：（内外斜削式）　　d：（内直或内斜外斜削式）
尖或平切状圈足　　　平或尖切削状圈足　　　滚圆"泥鳅背"状圈足　　　"泥鳅背"状圈足

B：底足面

a：平底　　　　　　　　　　b：拱底

各部位术语（a～f）

a：盖；术语有后配等。

b：口沿（露胎无釉）；术语有火石窑红、口磕、冲口、截口等。

c：弧腹；术语有缩釉、惊纹、炸肚、脱釉、伤釉、开片、土锈等。

d：足沿（露胎无釉）；术语有泥鳅背、尖或平削状、火石红、锯齿痕、粘沙、足磕、磕伤、窑粘、内凹圈足等。

e：底面；术语有款识、跳刀痕、旋削纹、棕眼、炸底、窑裂、砂底、平底、拱底、釉底等。

f：腹内；术语有炸纹、鸡爪纹、缩釉、刮胎痕、修胎痕、旋胎痕、接痕等。

注：专用词汇术语，大家可以对照实物，查阅《中国古陶瓷图典》确认，这里不再解释了。

B处"两接头"分段拉坯方法（图7）

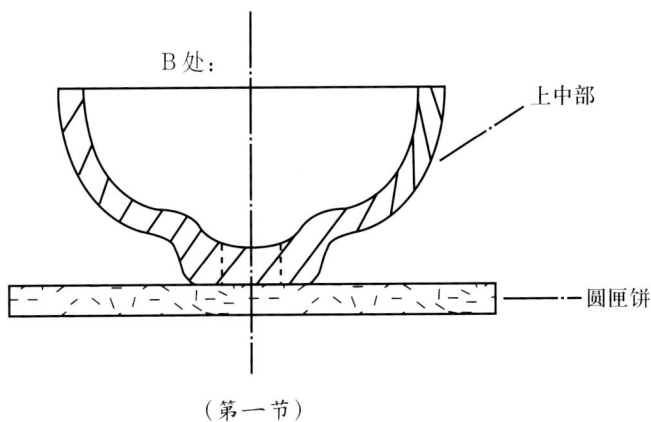

（第一节）

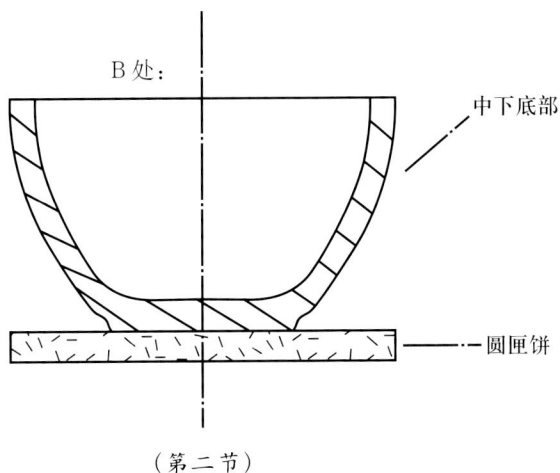

（第二节）

注：分段拉坯晾干后，利坯时镶接成形为盖罐（见成形工艺）。

（二）制瓷工艺

第一节、概述

景德镇的手工陶瓷业，因国内外市场的需求，和资本主义的萌芽而得到蓬勃发展，形成了自己一整套独特的陶瓷专业技术，这些技术是几代陶工们在生产实践中积累和经历皇家官窑严格把关，精益求精中不断改进和完善起来的。在元以前景德镇的陶瓷业还没有形成一个从农业中分离出来的手工行业，民窑瓷器生产还处在一种"耕而陶"的家庭副业式的小农经济状况。到了元代的景德镇成为全国的制瓷中心，至元十五年元政府在景德镇设立专门的制瓷管理机构——浮梁瓷局，专为官廷烧制瓷器，而元代的景德镇民窑制瓷业走上家庭手工业专业化的道路，生产以世代家族相承，如多半以血缘关系为基础进行传承，各专一行，不断积累经验，但关键工序都各自保密，如配釉、烧制温度等数据有"工艺配方传内不传外、传子不传女"的做法。到明朝于洪武时期朝廷在景德镇设置皇家制瓷机构——御窑厂，用最好的原料烧制官廷用瓷，明代中期以后，景德镇的民窑瓷器生产以家庭手工制瓷业走向手工工场，已形成了一套非常完善分工合作的制瓷手工体系，有助于瓷器生产工艺技术的提高。清代康乾盛世的辉煌时期也是中国古代制瓷业的巅峰，清王朝继续在景德镇设御窑厂，而从清代初开始景德镇民窑制瓷业中形成以乡族为主的行帮取代了本地匠族的地位，乡族专擅比匠族世传扩大了技术的传习面，有利于瓷业资本和佣工人数的成长，促使了当时民窑业的迅速发展。清三代是景德镇青花瓷器发展的鼎盛时期，唐英在《陶冶图说》中说："青花圆器，一号动累百千"，陶工们在传统的基础上对制瓷工艺技术不断改进和提高、日臻完善，是中国瓷业史上的第三个高峰。《景德镇陶录图说》中所说"陶有窑，窑有户，户有工，工有作，作有家，陶有所资各行"，景德镇民窑瓷业生产分为两个主要行业："坯户"、"窑户"，生产中做、烧两业独立经营，分工细致，相互配合，共同发展。（1）经营烧窑业称"烧窑户"，又称"坯窑户"，有烧柴窑户、烧槎窑户两行，柴窑户中又有一种包青窑户，即指保证所搭烧器皿质量为"青品"的窑，御窑厂"官搭民烧"便是指搭烧于此窑户，烧窑业的辅助服务行业有柴户、槎户、匣户、砖户等，烧窑户有窑房等，相当于现代瓷厂中的一个烧成车间，拥有窑炉等设备。（2）经营制坯业称"坯户"，分为不同的"作"，即作坊或叫业，"作者，一户所作器也，各户或有兼作，统名曰作"（卷三），有官古器作、粗器作、大琢器作、仿古作等十八作。原料加工配制，器物成形、施釉和画坯等都在作坊完成，坯户的辅助服务行业有白土户、青料户、炼灰户、修模户、盘车户等，坯户有坯房等，相当于现代瓷厂中的原料制作、成形、施釉、画坯车间等，拥有陶车加工设备，生产出某类半成品坯体，然后向烧窑户租赁窑位、窑工等，烧制出瓷器成品，烧窑户按瓷器件数向坯户收取加工费——柴金，也有极少数烧做两业统一经营，即自烧自造户，又叫"烧囵窑户"。生产中都有身怀绝技的能工巧匠把关，如坯户中有拉坯工、利坯工、上釉工、画坯工等，窑户中有满窑工、烧窑工等，每一位佣工只做某一工序中的某一脚事，完成一件瓷器前后加起来至少要经三十几人之手，所以景德镇民窑瓷业生产是全民参与、分工明确、专业化程度高的做、烧两业手工业大工场，形成一个极为完整分工合作的制瓷手工体系，这是景德镇陶工们千百年来的经验总结及智慧结晶。而景德镇官窑制瓷业生产依仗国家的力量，调动一切人力物力财力，不惜成本精心制作，按照朝廷拟定的画样或瓷样来制瓷，有时皇帝亲自参与画样的审核与更改，专生产御用贡品，供宫廷使用，不得流入民间，皇家制瓷机构——御窑厂，有严格的管理制度，主要分为成形作、料作、画作、彩作、釉作、（珐琅彩）炉房作等，陶工实行雇佣制，辅助服务行业已经分散到民间经营，生产中都由专业、技术性很强的陶工加工制作，有朝廷委派督陶官对制瓷生产进行督造，多数官窑器物在御窑厂内完成成形、施釉、绘画等工序，而器物的烧制实行"官搭民烧"的政策，如御用瓷器都派发到民窑包青窑户中烧成，优质的官窑器与优质的民窑器在同一窑炉中烧制出来，反过来又影响和推动民窑制瓷技术的发展，做、烧两业在官窑制瓷业中也是分离的，清三代官窑器物和民窑器物中的精品代表了清代制瓷业的最高水平，促进了制瓷工艺的进步和整个瓷业的发展，所以说官民窑瓷业生产是支撑清三代景德镇的繁荣景象。战国时齐人所作《考工记》为最早制陶工艺专书，宋·蒋祈的《陶记》是最早记载景德镇南宋瓷器的烧制工艺的文献，明末崇祯年间宋应星的《天工开物·陶埏篇》是最早记载元、明时期青花制瓷工艺的文献。乾隆八年（1743年）景德镇御窑厂督陶官员唐英奉旨意按官窑制瓷生产工艺流程编成《陶冶图说》，书中记录清代景德镇御器厂等制瓷生产二十道工序全过程并用文字加以说明，由宫廷画家孙祜、周鲲、丁关鹏绘陶冶图二十幅，是最早的一部陶瓷工艺学专著，但《陶冶图说》深藏于内府宫中，外人不易见到。乾嘉时期，清人蓝浦所撰、郑廷桂补辑的《景德镇陶录图说》共分十卷，《陶成图》（卷一）记录制瓷生产工艺流程，绘有从《取土》到《烧炉》共计十四道工序全过程，虽不及《陶冶图说》全面详细，但是比较真实地反映景德镇官、民窑制瓷业的生产工艺全过程，《陶务条目》（卷三）详列清前期景德镇陶瓷业的分工分业情况，《景德镇历代窑考》（卷五）中也总结清三代御窑厂成就，《陶务方略》（卷四）、《陶录余论》（卷十）杂记陶瓷生产、经营贸易等情况，《景德镇陶录图说》是第一部比较系统全面阐述景德镇官、民窑陶瓷业史专著，以下介绍明清时期景德镇传统制瓷生产工艺，我们可以从制瓷工艺中认识和了解清三代青花盖罐及其它瓷器的制作全过程。

传统瓷器生产工艺流程图

A 《陶冶图说》中传统瓷器生产工艺流程图

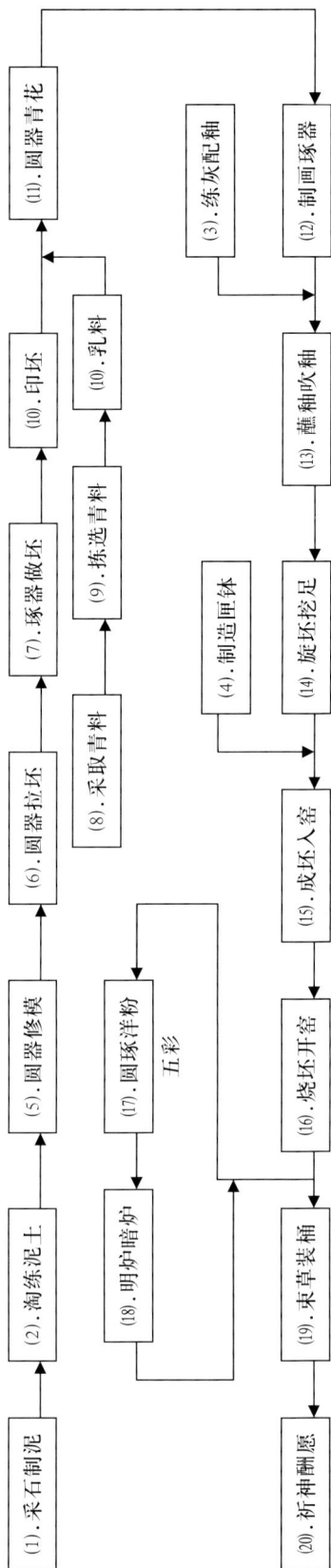

- (1).采石制泥
- (2).淘练泥土
- (3).练灰配釉
- (4).制造匣钵
- (5).圆器修模
- (6).圆器拉坯
- (7).琢器做坯
- (8).采取青料
- (9).拣选青料
- (10).印坯
- (10).乳料
- (11).圆器青花
- (12).制画琢器
- (13).蘸釉吹釉
- (14).旋坯挖足
- (15).成坯入窑
- (16).烧坯开窑
- (17).圆琢洋粉 五彩
- (18).明炉暗炉
- (19).束草装桶
- (20).祈神酬愿

B 《景德镇陶录图说》中传统瓷器生产工艺流程图

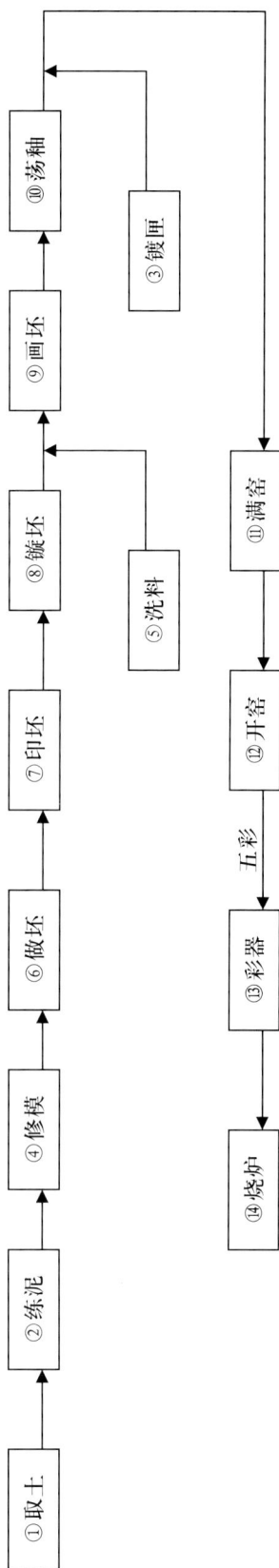

- ①取土
- ②练泥
- ③镀匣
- ④修模
- ⑤洗料
- ⑥做坯
- ⑦印坯
- ⑧镟坯
- ⑨画坯
- ⑩荡釉
- ⑪满窑
- ⑫开窑
- ⑬彩器 五彩
- ⑭烧炉

清三代青花盖罐生产工艺流程图

c

清三代青花盖罐工艺流程（成形＋绘画＋施釉＋烧成）

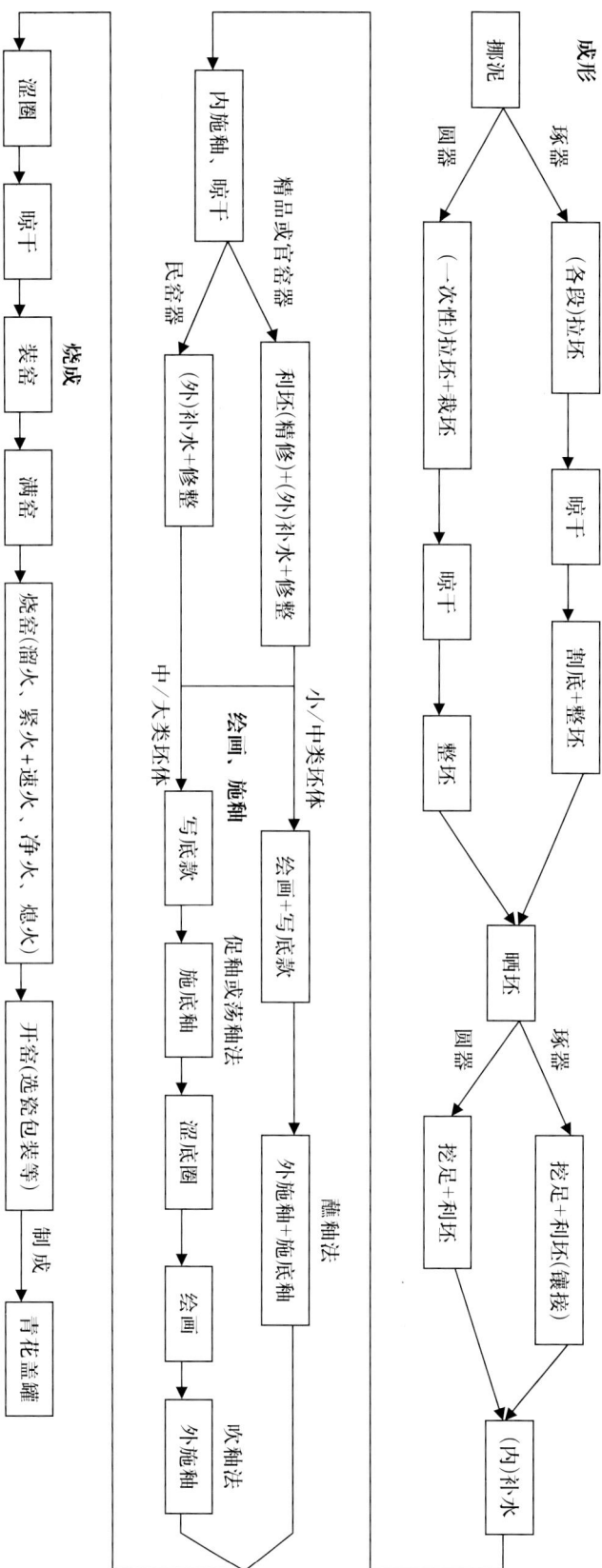

成形

挪泥 → 琢器 / 圆器

琢器：（各段）拉坯 → 晾干 → 割成＋整坯 → 晾干 → 整坯 → 啊坯

圆器：（一次性）拉坯＋裁坯 → 晾干 → 整坯

琢器：挖足＋利坯（镶接）→ （内）补水

圆器：挖足＋利坯

精品或官窑器：内施釉，晾干 → 利坯（精修＋（外）补水＋修整

民窑器：（外）补水＋修整

小/中类坯体：绘画＋写底款 → 外施釉＋施底釉（蘸釉法）→ 绘画 → 外施釉（吹釉法）

中/大类坯体：写底款 → 施成釉（促釉或荡釉法）→ 涩底圈 → 绘画

绘画，施釉

烧成

涩圈 → 晾干 → 装窑 → 满窑 → 烧窑（溜火，紧火＋速火，净火，煺火）→ 开窑（选瓷包装等）

制成 青花盖罐

（三）清三代景德镇制瓷业介绍

1. 清三代青花罐生产工艺过程主要分为：成形、绘画、施釉、烧成等四道工序，由五大类组成：1、原料（工序：(1)、(2)、(3)、(8)、(9)、(10)、/①、②、⑤），2、成形（工序：(6)、(7)、(14)、/⑥、⑧），3、绘画（工序：(11)、(12)、/⑨），4、施釉（工序：(13) /⑩），5、烧成（工序：(4)、(15)、(16)、(19)、(20)、/③、⑪、⑫）。

2. 本书中清三代青花盖罐，少数是地方窑如福建德化窑生产的盖罐，其它都是江西景德镇窑生产的盖罐。景德镇窑场四周有得天独厚的自然优质矿物制瓷原料，从十五世纪开始，江西景德镇瓷都地位的确立，在全国瓷业中形成了几乎是一花独放的局面，到了清三代勤劳聪明的制瓷工匠们对原料加工，胎体成形，绘画和施釉，入窑烧成每道生产工序都是分工细致、专业化生产、集体创作的结果，所以制造出优质精美的青花盖罐。

3. 景德镇制瓷业在清三代达到中国瓷业史上的高峰，生产出大量精美绝伦的青花盖罐，这与当时景德镇"瓷都"具备以下五项条件是分不开的：

(1). 优质原料采集加工技术。如 a：选用高岭山的高岭土；b：从晚明的水沉法改进为煅烧法提炼"康青"料等；c：釉灰（二灰）釉料配制精细，降低氧化钙含量。

(2). 高超手工成形加工技术，如 a：拉坯、利坯（镶接）工艺成熟；b：制作精美的器形，c：绘画精致，题材广泛等。

(3). 镇窑的烧成技术。如：对烧成温度进一步的提供，达到优质硬质瓷的水平。

(4). 形成一套完善的分工合作制瓷体系。如"共计一坯之力，过手七十二，方克成器"（天工开物）。

(5). 国内外市场需求，社会稳定，国力强盛，皇帝的重视，督陶官尽责，"官搭民烧"制度，勤劳聪明的陶工等因素决定的。

4. 清三代景德镇瓷业生产技术领先，艺术底蕴深厚，瓷业资源丰富，生产规模巨大，所以在清三代时期景德镇是世界陶瓷生产贸易中心。

注：名词解释

a：景德镇窑——窑址在江西景德镇市，早期窑址属五代时期生产青瓷与白瓷，宋代窑址烧造青白釉瓷器，北宋后期吸取北方定窑的覆烧法，产量大大提高，有"南定"之称，元代成为全国的制瓷中心，开始烧青花、釉里红、釉下彩绘品种等，明代青花瓷得到很大发展，釉上彩、斗彩、素三彩、五彩等品种相继出现，清代制瓷技术又有了提高，康熙的民窑青花和五彩等，雍正、乾隆官窑粉彩和仿古瓷等制作均十分数精致，烧制技术达到历史上的高峰，嘉庆以后渐趋衰弱。宋以后景德镇瓷器销往海外，制瓷技术也随贸易文化交往传播国外，对亚非及欧洲瓷器的出现，起了关键性的作用，同时景德镇是我国瓷业中心，有瓷都之称。

b：德化窑——窑址在福建省中部德化县，已发现窑址180余处，唐代起开始生产青釉瓷器，历经北宋、南宋及元代生产青白瓷、白瓷，至明代白瓷的发展达到高峰，明晚期生产青花瓷器和质地坚硬、釉呈牙白色的日用器物等。清初民窑青花瓷已进入兴盛时期，多为日用器和雕塑品，产品有精粗之分，以粗糙者居多，清三代青花盖罐的特征，胎土细磨漂净，胎质细坚，透光度良好，呈灰黄或糯白色，胎体厚重，圈足较浅，足根滚圆，制作粗糙，显示出敦厚稚拙，釉色呈青白色，白中带青灰色，或略显暗淡，青花有淡或深蓝色等，发色浅淡或深沉浓重感，色泽不到位，有釉厚聚黑，崩釉现象，俗称蚯蚓连泥纹，绘画不精，笔触粗犷，纹饰丰富，随意性强等。德化窑的雕塑白瓷十分精致，多见佛像，外国人称"中国白"或"象牙白"，清代末年制瓷业渐趋衰弱。德化县素有"福建瓷都"之誉，宋至清代沿海地区外销瓷重要产地之一，在我国民窑史上有重要的位置。

c：官窑——古代由官方营建，主持烧造瓷器的窑场，其产品专供宫廷使用。五代和北宋的越窑是我国最早的官窑，还有指北宋及南宋官窑，明、清两代景德镇御器厂所烧造的瓷器，以及当时官搭民烧的钦限器都称官窑器，官窑因为是由官府营建的，所以能够占优质瓷土和原料，拘获天下能工巧匠无偿使用，并控制釉料配方和制瓷工艺，发展官窑瓷业，限制民窑生产，正是由于官窑产品必须代表皇家意愿，反映统治阶级的心理需求，客观上很大程度地限制了陶瓷工匠们的创作激情和工艺技术的发挥，所以清乾隆之后官窑产品日趋衰弱。

d：民窑——民间瓷窑，相对宫廷兴办的官窑而言，历代绝大多数瓷窑属于此类。五代兴起官办，宋代下京官窑和修内司官窑的命名明确了官窑与民窑性质的区别。明、清时期景德镇设御窑厂为宫廷烧造御用瓷器的同进，民窑大量存在，民窑的产品日客贷，风格不同于官窑，造型、纹饰题材更加自由、丰富。

e：窑户——明清时对烧窑业主的叫法，也包括有窑房又有坯作的大型准工商业者。分烧柴窑户和烧槎窑户，柴窑户中又有一种"包青窑户"，专搭烧官窑中御器，保证所搭烧器皿质量为"青品"，是完成官窑中"官搭民烧"的窑户。

f：作——又称作坊或业，小为家庭手工业，大为封建社会手工工场，民窑按器皿命名等分为十八作，有（官、假、上、中、小）古器作、釉古器作、常古器作、粗器作、子法器作、脱胎器作、大琢器作、洋器作、雕镶作、定单器作、仿古作、填白作、碎器作、紫金器作。官窑按器皿大小、工艺工种分为二十三作，有大器作、小器作、仿古作、雕镶作、印作、画作、创新作、锥龙作、写字作、色彩作、漆作、染作、泥水作、大木作、小木作、船作、匣作、铁作、竹作、索作、桶作、东碓作、西碓作。

第二节、原料

青花盖罐制瓷原料由胎质——瓷土、纹饰——青花料、釉质——釉料三大部分组成。（工种：采石工、淘泥工、乳料工、舂料工、合釉工等）

瓷土（工序：(1)／①.采石制泥／取土、(2)／②.淘练泥土／练泥.)

1.瓷石、高岭土

瓷石就是制瓷用的粘土，以（硬质）瓷石（石质类）、高岭土（土质类）二元配方法为原料，在工艺性能上具有一定的可塑性和形成性，并且在1200℃以上能够烧结成瓷器。（硬质）瓷石是花岗石等一类岩石长期受自然界风化作用而生成的，其中风化型硬质瓷石由石英、绢云母组成，并含有若干高岭石等岩石状矿物，外观有白色、米黄色、青色等，呈致密岩石状，以徽州礼门瓷石为上等，我国南方地区都产瓷石。高岭土是长石类岩石经几百万年的长期风化后形成，高岭土由高岭石、水白云母等组成的粘土，其外观一般呈白色或灰白色等，呈致密或松疏的块状，无光泽，具有滑腻感，是瓷胎中的"骨架"，能够减少器物的变形，清三代景德镇用的高岭土是江西省浮梁县高岭村的优质高岭土，我国南方北方都有高岭土。瓷石和高岭土配置方法根据盖罐器物产品的特性和工艺上的要求确定的，一般比例为：7：3～6：4之间。瓷石和高岭土工艺性质见表1（参考《中国古陶瓷的科学》表2.2)

表1 瓷石和高岭土的工艺性质

性质	（安徽）礼门瓷石	（江西景德镇）明砂高岭土
状态	石质类	土质类
可塑性	差（含石英多）	差（是原生高岭）
干燥收缩	7%	11%
加热性质	1050℃开始收缩，1200～1250℃烧结成瓷胎，大于1250℃过烧膨胀，1350℃开始软化。	950℃开始收缩，1500℃时停止收缩，如不配入瓷石或长石即使，烧到1500℃也不能烧结成瓷胎。

注：景德镇利用和开掘江西省浮梁县高岭山的高岭土的年代是在明末清初，也就是从明万历到清乾隆的时期，这一时期（包括清三代）正是景德镇官民窑制瓷业得到大力发展和其产品得以在世界领域里得到大量流通的黄金时期，清中后期高岭山上高岭土枯竭，高岭山的采矿业也衰落，后用其它地区如大洲土替代高岭土，但生产成本增加，是清中期以后景德镇陶瓷逐步走向衰败的一个重要原因。

2.瓷石、高岭土、瓷土的加工方法

(1).(a)瓷石粉碎、淘洗等加工工艺流程：瓷石→敲碎→（水碓）舂打→淘洗池→（排沙沟）→沉淀池→稠化池→泥床→制不。(b)瓷石粉碎、淘洗等加工方法：从瓷土矿山中采集瓷石后，采石工用铁捶把瓷石敲碎成鸡蛋大小的块状，利用水碓舂打成瓷石粉，淘洗工把舂细的瓷石粉铲入淘洗池中进行淘洗，除去石块等杂质，又经沉淀池、稠化池浓缩成稠泥浆，再将稠泥浆铲到泥床上，最后取出泥床上的稠泥制成规格统一的砖形"不子"晾晒，印上自家的商号，每块约2公斤左右，送到白土行，由其转卖给镇上各坯户。

（2）.（a）高岭土淘洗等加工工艺流程：采集高岭土→泥浆流向→（排沙槽）→淘洗池1.2.3→制不。（b）高岭土淘洗等加工方法：由于高岭土是土质类，无须粉碎，较易开采，是直接进入淘洗工序，一般在山坡平缓的地面上挖三个淘洗池，把采集后的高岭土利用溪水将其冲下，沙石和粗料杂质沉于池底部，而细土化成为泥浆流入各淘洗池中沉淀，从各池中取出稠泥浆，晾晒至一定程度，制成规格一致的砖形"不子"，每块约2公斤左右，再堆放在草栅里晾干，最后用船运到镇上的白土行出售。

（3）.（a）瓷土原料精制的加工工艺流程：配料→精淘→滤水→干燥→陈腐→打踩泥等。（b）瓷土原料精制的加工方法：先在粗桶中盛水，制瓷原料是以重量法配比，习惯上以不子块数计算，把要配比的不子击碎，放入木栅或篾箕中，浸入盛水粗桶中自然化解成浆，一般是晚上进行浸料过夜，次日精淘，先从粗桶中取出木栅或篾箕将其内较大颗粒杂质排除，拿提木耙在木桶内搅拌泥浆，用勺子舀起泥浆过细目筛除杂质倒入细桶内，再把细桶内的细泥浆经搅拌均匀后分别注入若干各搁泥桶中滤水，待泥浆呈浓稠状态后，用泥铲将泥料铲到泥房中陈腐，泥房是用平滑青石板铺地，干净而又不吸水，泥料陈腐期间能使有机物腐烂发酵并产生有机酸，促使泥料的可塑性提高，练泥工再把陈腐过的泥料经过踩泥，踩泥时一脚跟随一脚，沿边缘打圈向中心方向踩练，每踩完一层，又用泥铲在其上增加一层，逐渐成堆，依此方法要踩练三次。再用泥铲打泥，即将已踩过的泥料，用泥铲铲至另一处，每铲一铲，形成口型泥片，并须有节奏地用力拍打四下，由口型打成"田"字形，再盘堆拍打三次，使泥料排去气孔，传统的踩泥有"菊花芯、莲花瓣、三道脚板两道铲"之称，由此使泥料的精纯柔韧、致密均匀的目的，就是制瓷原料——瓷土。

表2　　　景德镇瓷器胎体原料"不子"的化学成分（%）

	SiO$_2$	Al$_2$O$_3$	Fe$_2$O$_3$	TiO$_2$	CaO	MgO	K$_2$O	Na$_2$O	MnO
（祁门）瓷石不子	76.20	16.30	0.58	0.09	1.90	0.36	3.92	0.61	0.02
（明砂）高岭不子	55.62	37.89	1.27	0.06	0.37	0.26	3.02	1.15	0.37

3.性能

瓷器胎质的好坏与瓷土精细程度和不同的配方等有很大关系，景德镇康熙中、晚期的瓷土，因淘洗精细，土质优良，配比合理，泥料粉像糯

清三代青花盖罐

米粉般细白且有糯性，清三代盖罐胎质都是坚致细腻，很少有杂质，所以抚摸圈足如丝绢般细腻，或如同小孩背脊上细润之感，俗称"孩儿背"、"泥鳅背"。清三代青花瓷胎的化学组成见表3（参考《中国古陶瓷的科学表11.1》）

表3　　清三代青花瓷胎的化学组成（%）

	SiO_2	Al_2O_3	Fe_2O_3	TiO_2	CaO	MgO	K_2O	Na_2O	MnO
康熙厚胎	68.07	25.82	0.83	—	0.36	0.11	3.04	1.54	0.09
雍正中胎	70.22	22.97	0.81	0.31	0.68	0.11	3.49	1.18	0.08
雍正浆胎	65.81	30.51	1.07	0.15	0.22	0.15	1.81	0.26	—
乾隆薄胎	70.38	24.10	0.82		0.66	0.15	3.33	0.69	0.07

注：名词解释

a：不子——瓷土由产地采掘后，加以粉碎淘洗，制成砖形小块，俗称"不（dun、音敦）子"

b：试照子——将配好的瓷土放进窑里试烧，烧窑后看试片上是否出汗，如出大汗就要多放高岭土，水珠太少则是其中高岭土的成份过多，也就是说在配原料前必须事先看试样，验辨货色，保证瓷石、高岭土匹配适当。

青花料（工序：(8).采取青花、(9)／⑤.拣选青花／洗料、(10).乳料）

1.钴土矿

青花料即绘制青花瓷器纹饰的原料，清代青花色料采用国产料，国产青花色料在矿物学上属钴土矿，它是含钴的硅酸盐岩石因长期风化作用而形成的产物，由氧化锰和氧化钴的水合物以及其他杂质所组成的混合物，以浙江绍兴、金华生产的矿料为上乘，江西、云南、广东等地各处亦出产。

2.青花料精炼的加工方法

(a)青花料精炼的加工工艺流程：钴土矿→洗料→装钵→煅烧→挑选→舂碎→研磨→漂洗→干燥→青料（钴料）→配釉→青花料。(b)青花料精炼的加工方法：采取矿料，"必先自拣选其大而圆者，色以黑黄明亮为最"（卷一），将选出来的钴土矿置于筷箕中，放在盛水的木桶中，加水反复搓洗矿料至干净，将淘洗后的矿料装在匣钵后，盖张黄草纸，用黄泥糊封，埋到窑中在温度900℃左右煅烧，把煅烧后的矿料进行分类挑选，以比重大、花纹多、能发金属声音为上料，反之为次等料，在清除杂质后进行舂碎，然后乳料工在瓷质乳钵中进行研磨，一般约需一个月左右，研磨过程中要进行筛选、愈细愈好，然后用水漂洗几次，除去杂质及可熔性盐类，方可调水使用，即成青料也称钴料，呈色很黑做为色基，再配入一定量9%的白釉料，就成了青花料。用特殊的毛笔蘸青花料在器物素坯体上描绘纹饰，再施上一层釉料，入窑1300℃左右高温中一次烧成的"釉下彩"青花瓷器，青花呈蓝色，具有着色力强，发色鲜艳，空气氧化对其影响较小，烧制成功率高，呈色稳定的特点。

3. 特性

公元前15至14世纪埃及在制造香料瓶上就已用钴蓝作为着色剂，早在春秋战国时期钴蓝已经从西亚地区传入中国，进口钴料应用于中国陶瓷釉彩的最早例子是唐三彩蓝釉和唐青花，宋青花色料属高锰型类已经用了国产青花钴料，元青花用进口钴料和国产钴料两大类，一直到明、清时期才大批量使用国产钴料。景德镇最迟是从明代中期已开始采用提炼的钴石矿作为青料，青花的色调同钴土矿产地和精炼纯度有关，清代青花色料化学组成特点都是高锰低铁或高锰中铁，锰钴比较高，铁钴比有高有低，不含铜、砷、硫等元素，因青料含有钴、铁、锰等氧化物，烧成后变蓝、黑、红等色调，如果提高钴的含量，而下降锰的含量，青花的蓝色色调深沉。其次同制瓷工艺因素有关，如青花料中釉灰的含量，施釉中釉料的用量，绘画的青花料浓度，烧成温度和气氛对青花本身和釉的色调都有影响。青花如果不罩透明釉，烧成后会氧化成黑色的氧化钴，如果罩上透明釉，烧成时氧化钴溶于釉料中，以离子形式将青花釉着色成蓝色。唐英（陶冶图编次）记载"瓷器青花，霁青大釉悉籍青料，出浙江绍兴、金华二府所属诸山……"，景德镇康熙早期普通民窑器中用江西产石子青料或浙江产浙料，因青料炼制不纯，烧成温度和气氛未经掌握，青花呈灰蓝色，发色深沉灰暗，部分有迷混感，中晚期后大部分器物都用了浙料或云南产珠明料，青料精炼纯净，青花呈翠毛蓝、宝石蓝，发色浓青翠蓝，清朗不挥，呈色稳定，同一种青料可分出浓淡层次，类似中国画中的"墨分五色"，特别是珠明料具有宝石般的光泽，是清三代中发色最好青料。中晚期的康熙青料可与元代至正型青花和明代永乐、宣德青花的"苏麻离青"料，明代正德、嘉靖青花的"回青"料并称中国青花三大著名青料呈色，且没有"苏麻离青"的铁锈斑疤，"回青"的紫红色偏之不足，这种至纯至美理想青花料呈色叫"康熙蓝"旧称"康青"，色泽青幽翠明，呈色稳定，代表了清代青花的最高水平。而这种"康青"主要用于民窑精品之中，当时上层统治者不欣赏该呈色，他们喜欢仿明代青花色调等，所以到晚期后就不生产"康青"，雍正乾隆时期的青花料延用浙料，青料精炼程度不同，但雍正青花不如康熙时期色阶丰富，呈纯蓝／淡蓝色，色泽有淡浓雅艳，色调明快，呈色基本稳定，也有晕散的现象，乾隆青花以正蓝色的浙料为主，色泽深沉明艳，呈色稳定，有黑色斑点现象。清三代青花瓷釉化学组成见表4（参考《中国古陶瓷的科

学》表11.2）

表4 　　　清三代青花瓷釉的化学组成（%）

		Fe₂O₃	CaO	MgO	K₂O	Na₂O	MnO	CoO
康熙青花	**青花＋釉**	0.96	7.23	0.03	3.11	2.13	2.29	0.32
雍正青花	**青花＋釉**	0.93	8.35	0.20	2.99	1.39	2.34	0.36
乾隆青花	**青花＋釉**	0.92	6.43	0.21	3.00	0.90	2.28	0.45

注：名词解释

a: 乳料——瓷器颜料处理方法之一、将研钵贮于矮凳，凳之一端装有直木，上横一板，板上镂孔用以装乳槌之柄，人坐凳上握槌乳之。

b: 石子青——亦称"无名子"，青花料中的一种，明嘉靖《江西大志·陶书》记载："石子青，产于瑞州诸处，"又明正德《瑞州府志》载：瑞州"上高县天则岗有无名子，景德镇用以绘画瓷器"，明代后期至清代初年景德镇窑使用石子青绘画青花瓷，一般呈色蓝中带灰而清雅，个别明丽浓艳。

c: 浙料——青花料的一种，明宋应星《天工开物·陶埏篇》记载：青料"凡饶镇所用，以衢、信两郡山者为上料，名曰浙料，上高诸邑者为中，丰城诸处者为下也"，明代末期和清三代景德镇窑青花多用浙料，烧成后青花色泽一般蓝中泛灰，清丽幽雅，也有的青翠鲜艳。

d: 珠明料——青花料一种，产于云南省，云南将其所产上等青花料称为"金片"或"珠密"，"珠明"即由"珠密"转音而来，清三代景德镇窑和明、清时期云南一些瓷窑的青花器曾用此料，烧成后青花色泽葱翠鲜艳。

表5 　　　浙料、珠明料的化学成分（%）

	SiO₂	Al₂O₃	Fe₂O₃	TiO₂	CaO	MgO	K₂O	Na₂O	MnO	CoO	CuO	NiO	BaO
浙料	28.97	32.81	6.58	0.38	0.66	少量	0.43	0.24	19.36	4.46	0.58	0.05	少量
珠明料	18.31	19.01	6.96	1.58	0.16	0.2	—	—	30.12	1.86	0.10	0.36	1.8

釉料（工序：（3）／⑤.练灰配釉／洗料）

釉的种类很多，清代《南窑笔记》专著分为两大类，凡在窑内烧成的称高温釉，在釉炉内烧成的称低温釉，中国的高温釉料是在商代草木灰釉基础上发展起来的，商周以后改进用的是石灰釉，南宋以后发明用的是石灰—碱釉也称钙—碱釉，清三代景德镇青花瓷用的釉料都为石灰—碱釉，前三种釉料都属于"灰釉"，在配釉中采用较多的草木灰或釉灰的高温釉都称"灰釉"。

1.釉果（釉石）

把配釉用的（软质）瓷石（石质类）称釉果俗称釉石，主要出产在江西省浮梁县的瑶里村，是一种风化程度较浅而钾、钠含量较高配釉用的软质瓷石，由石英、绢云母组成，常含有少量长石、方解石、高岭石和黄铁矿等杂质，为致密块状，外观多呈青绿、浅绿、浅黄色，断口呈贝壳状。

2. 釉果（釉石）、釉灰（头灰、二灰）、配釉料的加工方法

(1). (a) 釉果（釉石）粉碎、淘洗等加工工艺流程：釉果（釉石）洗选→（水碓）舂碎→淘洗池等→稠化池→制不。(b) 釉果（釉石）粉碎、淘洗等加工方法：釉果加工工艺同瓷石一致，釉果首先开采矿石挖出釉石，经粉碎、淘洗池、沉淀池、稠化浓缩池、泥床到制不，送到釉果行出售，最后坯户购入后把釉果"不子"放入桶内，加水搅拌、淘洗，经细目筛除杂质调配成釉果浆，再加入釉灰浆配成釉料。

表6　　瑶里村釉石"不子"的化学组成（％）

	SiO₂	Al₂O₃	Fe₂O₃	CaO	MgO	K₂O	Na₂O	I.L.
（瑶里）釉石不子	73.99	15.55	0.57	1.76	0.33	2.88	2.63	2.88

(2). (a) 釉灰（头灰、二灰）制作的加工工艺流程：

石灰石→煅烧（生石灰）→消解（熟石灰）→（煨烧）釉灰→尿沤→陈腐→淘洗→头灰→配粗瓷釉。

　　　　　　　└→沉淀（二（粗）灰）→晒干→淘洗→二灰→配细瓷釉。

(b) 釉灰（头灰、二灰）制作的加工方法：选取乐平县寺前乡产的黝黑色，质地比较疏松，杂质较少的石灰石（石质类），堆装在石灰窑内煅烧二昼夜烧成生石灰，把生石灰堆放在场中洒适量的水溶化成熟石灰，将凤尾草或狼萁草和熟石灰相间层层堆叠，配比为4:6左右，经温度在850℃～1100℃，反复连续三次煨烧，约需两个昼夜，停火冷却后置窑中湿润陈腐三个月，然后置于地面自然干燥，即配成釉灰成品，也称"炼灰"，留有"无灰不成釉"、"炼灰配釉"的行话，釉灰的主要成分是碳酸钙等化合物，釉灰烧好后，要送到镇里的灰行中加工成头灰、二灰后才可出售给坯户使用。在作坊中合釉工把釉灰和灰渣分别堆放在墙角边，洒水加尿液陈腐和解凝，时间要经一年之久，把陈腐过的釉灰放入水桶中加水5～6倍进行淘洗，去除杂质后予以沉淀，其细浆部分称为"头灰"，沉淀的粗渣部分称为"二（粗）灰"，再用二（粗）灰与灰渣同放一起，晒干后倒入桶池内按前面方法加水淘洗，去掉粗渣成为"二灰"，"二灰"与"头灰"相比氧化钙含量略有降低。釉灰的"头灰"性燥，配釉"作浓"，釉层易开裂和起皮，适用于配制粗瓷器或圆器用釉，釉灰的"二灰"温和，不"作浓"，无坼裂和起皮现象，适用于配制细瓷器和

琢器用釉。

表7 寺前乡石灰石、狼萁灰、头灰、二灰的化学成分（%）

	SiO$_2$	Al$_2$O$_3$	Fe$_2$O$_3$	CaO	MgO	MnO	K$_2$O+Na$_2$O	P$_2$O$_5$
石灰石	2.940	1.810	0.30	52.83	0.71	—	0.15	
狼萁灰	61.37	13.88	1.38	7.430	1.12	0.96	1.70	0.6，烧至300℃时4～5
二灰	11.77	2.780	0.88	44.49	0.66	0.10	0.60	0.10
头灰	5.040	1.740	0.38	49.03	0.60	0.07	0.29	0.06

（3）.（a）配釉料的加工工艺流程：釉果（不子）、釉灰（头灰、二灰）→配比→加水搅拌→细筛过滤→釉料。（b）配釉料的加工方法：景德镇传统配釉法是釉料＝釉果浆＋釉灰浆（头灰、二灰），以釉果浆为主要原料，釉灰浆为助熔剂，调成同等稠度以容量法配比，经加水充分搅拌而成，釉灰（头灰、二灰）在釉料中占重量比约7%～20%。上等釉料釉果浆与釉灰浆（头灰、二灰）之比约10：1，中等釉料的比例为8：2至7：3，粗釉料之比为等比或釉灰浆（头灰、二灰）多釉果浆少。配釉前应先了解窑位烧成的情况，注意釉果、釉灰的软硬程度，先要试釉碗（照子碗，即先将一只上了釉的碗试烧，看看所配的釉料是否合适）然后采用，施釉前需要将釉料浆充分搅匀，经磁石注入细目筛过滤后的釉料浆方可用于坯体施釉，一般原则为"灰多则釉色青，灰少则釉色白，青者入火易熟，白者入火难熟"。

表8 釉灰配制的釉浆的粘度与流动性

	助熔原料	釉灰＋釉果＋水（重量）	釉浆比重 g/cm^2	旋转粘度 计测厘泊	恩格拉 流动性	PH值
釉料	尿沤后	2+8+10	—	90	4.5	7

3.性能

釉料是覆盖在瓷器坯体表面烧成后有玻璃状的模，因釉料所含的碳酸钙的颗料度很细，呈蓬松状态，可以很均匀地分布在釉料中，所以烧出来瓷器釉面滋润光滑、防腐蚀、耐磨性等作用。青花的色调与釉料的化学组成和熔融温度有关，釉料中如果釉灰的用量多，青花发色效果好，釉的熔融温度愈低，透明度好，光亮感强，但容易流釉，如果过多用量釉料也会使釉色发青变灰。清代把釉料用浸、荡、吹釉等方法施于盖罐坯体内外部表面，釉汁呈乳浊状，入柴窑中一次性烧成，窑内温度在1200℃～1300℃左右，烧制后瓷器施罩一层无色透明釉，衬出白胎即为白釉地，呈青白、粉白、浆白色等几种，高温粘度较大，胎釉结合紧密，釉面光泽柔和，大小气泡都有，釉层清亮透明，呈白如凝脂色，具有玉质感，把青花纹饰衬得格外秀美清晰，这种釉料具有取材方便、加工方便、不易流釉等优点。

清三代青花瓷釉化学组成见表9（参考《中国古陶瓷的科学》表11.2）

表9　　清三代青花瓷釉的化学组成（%）

		SiO$_2$	Al$_2$O$_3$	Fe$_2$O$_3$	CaO	MgO	K$_2$O	Na$_2$O	MnO
康熙青花	釉	70.22	14.25	0.79	9.12	0.22	3.03	2.28	0.12
雍正青花	釉	70.54	14.43	0.74	8.90	0.21	2.98	1.36	—
乾隆青花	釉	70.09	17.63	0.83	7.20	0.22	3.13	0.90	—

以上原料（瓷土、青花料、釉料）的制作加工方法在景德镇制瓷业上起码延续了好几百年（包括清三代），为景德镇的陶瓷业发展起到了重要作用。而青花盖罐以色调清新、纹饰素雅、釉色莹润、色彩雅丽而被受人们的喜爱，经元、明、清三代、直至现代，繁荣了七百多年，依然经久不衰。

第三节、成形

成形（工序(6).圆器拉坯、(7)／⑥.琢器做坯／做坯、(14)／⑧.旋坯挖足／镟坯等）（工种：抬坯工、挪泥工、拉坯工、利坯工、剐坯工等）

成形就是将配制好的坯料制成规定的尺寸和形状并具有一定机械强度的生坯，清三代盖罐成形多用传统手工拉坯、利坯等方法制成。a:圆器成形，如小／中类盖罐一次性拉坯成形；b:琢器成形，如（中／大）各类盖罐通过各段坯体的拉坯、利坯，镶接后合并成形，二者在成形技艺上虽略有所不同，但基本成形的方法相差不大，以下介绍盖罐各道成形工序。

1. 挪泥

挪泥也叫"揉泥"，在拉坯之前必须要进行手工挪泥，主要有两种方式，一种类似揉面，泥形呈旋涡状，另一种形似羊头，俗称"卷羊头"。挪泥工操作一般是在挪泥凳上或平整青石板上进行，先在凳面上垫一块白布，从泥房中取出泥料放在凳面白布上，挪泥工双手用力揉压泥团，全靠手掌力将泥团搓揉成长条形，又将长条形泥团压缩成短条形泥团，竖起来进行第二次揉搓拍打，反复多次即可做坯。

2. 拉坯

拉坯即做坯，是器物成形的最初阶段，把揉制好作坯的泥团摔搭在陶车转盘中心上，拉坯工两脚分开座在陶车架上，双手握着木棍，拨动陶车圆盘转动，待圆盘达到一定转速时，拉坯工双手按泥团向上提拉，随手法的屈伸收放把坯拉成所需要的形状。拉坯前要进行几次挤压泥料，拉坯工双手蘸少量水，将泥团从下往上挤压成锥柱状，再用手掌徐徐向下压成粗短扁平状，反复几次挤压揉练，目的是排挤泥团上的少数气孔等，再进行做坯。

(1). 一次性小／中类（圆器）坯体的拉坯方法：根据拉坯的坯体造型和规格，考虑到器形收缩率为18%左右，准备好泥量和测量工具等，拉坯工用双手按着转动圆盘上的泥团向上提拉，用右手大拇指伸下泥团中心拉成空心的圆筒状，分别在内外圆筒上加少量的泥浆水，用右手伸入圆筒内向外推压拉成圆腹状，上肩部用左手沿器壁向中心上移挤压收缩成口沿部，再用右手精修口缘部，用直尺等工具测量粗坯体的尺寸，最后用瓷质的弧形刮板校正粗坯体外表面厚度与弧线，成形后粗坯体规格大小基本一致，这样罐体的雏形制作完成。

（2）.（中／大）各类（琢器）分段坯体拉坯的方法与上述基本一致，因泥团软和器物大等，不能一次拉坯成形，大部罐分（上中、中下底部坯体）二段拉坯的方法完成，称为"两接头"。第一段为上口沿部溜肩至上圆腹部最大处，第二段为下圆腹部最大处收至底足部，一般分段部分在盖罐中心偏上部位，见图7分段拉坯的方法；还有罐分为（上下、底足部坯体）二段拉坯的方法完成，第一段从口沿溜肩至圆腹底下部，第二段底足部；也有分"三接头"的，如部分大罐或带长颈口沿的罐等分（上中、中下、底足部坯体）三段拉坯的方法完成，第一段为上口沿部至溜肩处，第二段为溜肩处至圆腹底下部，第三段为底足部分等，还有其它分段拉坯的方法完成。一次性拉坯体也好，选用分段拉坯体也好，是根据器物大小和器形，加工方便和产量等因素而定，分段拉坯的坯体接口处要规整，大小基本一致，然后利坯时用镶接方法将这几个部分合并为一体，粘接利修成器物。

小类坯体用手指把坯体的底足部与余泥捏断，将湿坯体斜放在料板上阴干，俗称"栽坯"。中、大类坯体拉坯时必须在拉坯前把预先准备好的圆木板或圆匣饼放在陶车上进行拉坯，在拉坯摔泥之前先将拉坯饼用水湿润，以增加泥团的附着力，拉坯完成后连同圆木板或圆匣饼一起取下来，先短时间阴干后要初整修各段坯体接头口的圆形连接处尺寸，使它镶接各段坯体形体连贯，规整统一，大致符合啮合连接的要求，继续放置通风房间内缓慢晾干。

3. 割底、整坯

（1）.在拉坯后的坯体干燥大约至五成左右时，要进行割底或整坯。a：小类（圆器）坯体要整坯，用泥刀将坯体底足部多余泥料切下，并用刀背敲击坯体底足部面，使底足部泥料压紧，然后摆放在方板或料板上自然凉干。b：各分段坯体先要割底，用一根两头扎上布条的细铁丝朝坯体底足下部用力锯开，使拉坯体与圆匣饼之间分离，如果是坯体底足部面还要整坯，用木板棍等器具对底足部面的泥料进行敲打压紧，再把各段坯体放料板上或再放回圆匣饼上，在室内自然阴干或在晒架塘边阴晾干燥，干燥时间随季节而定，最后再取下坯体进行利坯。

（2）.整坯工序可有效防止坯体口、底部干燥收缩不一致造成的"裂底"也叫"水裂"缺陷，同时减轻利坯的工作量，并充分利用回泥团。割底定在什么时候最适合，一般锯开时把坯体放在料板上或圆匣饼上以不粘贴料板面为原则，割底时要用力均匀，有一次性或分段拉开的。

4. 挖足、利坯（镶接、打初、精修）

利坯又叫"旋坯"或"修坯"，是器物成形最终修整阶段，把坯体放在转盘中心，利坯工根据坯体的器形尺寸要求，使用不同的刀具来旋削坯体的多余部分，利坯分两次完成，第一次利坯称打初，第二次利坯称精修，民窑普通器物一般情况都合并为一次利坯完成的。小、中件坯体的利坯陶车与拉坯陶车相同，只是中心多了一木桩，桩顶浑圆，多裹以丝绵，称为利桶，大件坯体直接放在利坯陶车圆盘上进行利坯。

(1). 一次性小／中类（圆器）坯体：把坯体底朝上放在利坯陶车的利桶或圆盘上，在坯体转动状态下，先进行挖足又叫"挖坯"或"剐坯"，用板刀把坯体底面部利修平整，然后用弯刀挖出底面圈足的背沿，再用板刀挖底面内腔，最后用剐坯刀精修底面和圈足。接着进行内外部坯体利坯，用板刀从上到下对坯体外壁弧度曲线部运刀利修，利出坯体外部圆腹的器形，翻转坯体再用板刀利出外部上口沿器形，修整裁平坯体口沿部。坯体的外壁部形状利坯一定要细致，利坯后的坯体要达到表面平整，厚薄均匀，对内腹壁部利坯可以较粗糙，一般用长条刀对坯体内壁弧度曲线部运刀修整，达到内壁表面平整，而大部分民窑器不对坯体内壁部利修的。

(2). 各类（琢器）坯体：在利坯操作中利坯工要控制坯体的外形、曲度、厚薄等，把坯体放在陶车圆盘上，在转动状态下，先对坯体底部进行挖足整修，用板刀在下坯体底面部利修平整，然后用弯刀挖出底面圈足的背沿，再用板刀挖底面内腔，最后用剐坯刀精修坯体圈足底面部。接着对各段坯体进行内外部位利坯，用板刀或条刀分别把各段坯体内、外壁弧度曲线部运刀利修，利出坯体内外部的器形，再利出坯体上口沿部器形，用板刀开口、修整裁平坯体口沿部。再进入镶接的工序，把各段坯体黏接口裁成镶接尺寸一致的水平状，先把下坯体放在陶车圆盘中心位置上，延着接口处倒入原泥浆或压一根细长原泥条，放上段坯体，使各段坯体接口处连接黏合，依此重合组成一个整体，合拢后整体在圆盘缓慢转动状态下，再用木椎等轻轻拍打坯体，使连接处更加牢固，然后用刮刀把接口处余泥刮削干净，取下整体放在通风处晾干。待干燥后再用板刀对坯体外壁弧度曲线部运刀精修，精修后坯体厚薄得当，表面平整，特别是对坯体连接部位的内外部表面要刮削规整，不留一点接缝。清三代大多数民窑盖罐，大部分对器物腹内部整修要求不高，为了赶时间提高产量，一般简单整修一下内壁部即可，所以器物腹部内留有刮削痕和旋胎痕的路纹，部分见有镶接痕印，进入坯体内部补水和内施釉等工序。

(3). 一般如果是民窑精品器物或官窑器物都要再进行第二次修坯，实质上就是精修，将坯体放置在利坯陶车的利桶或圆盘上，转动陶车圆盘，坯体在同心圆盘上旋转，用利坯刀精修内外部坯体形状、厚薄等，使胎体厚薄均匀、规格准确、形体连贯、刀路平整、表面光洁，所以利坯是成形中重要工序之一，少一刀则坯体嫌厚，多一刀则坯破器废，精细部分变化全靠利坯工将其精修出来。如果是普通民窑器对坯体外壁部最多稍微进行修整一下即可，一般不进行此道工序，或用后道补水和修整工序代替精修，进入外部补水和修整、绘画和外施釉等工序。

5. 补水、修整

器物坯体经干燥和利坯前后或施釉之前，均需对坯体逐个补水，目的是刷去坯体表面灰尘及坯粉，使坯面更加平整清洁提高成品率。外坯体补水前先清泥尘等杂质，把坯体放在车盘上右手拿着特制的补水笔醮清水，左手旋转圆盘，坯体由上往下在坯体外侧刷抹补水，特别是在补水中如发现坯体隐藏着小气孔和气泥（揉泥时未清除混在湿泥料中的混泥团），要将它挑开填上新泥压平后再修整。而对内坯补水要求不高，一般加入适量清水用荡水法（同荡釉法相同）进行内坯体补水清洗。

6. 涩圈

涩圈是入窑烧成前的最后一道成形工序，对盖罐类等民间实用器物，圈足底部和口沿外或内部刮去一圈釉层，使坯胎裸露，这一圈无釉料区称为"涩圈"也叫"砂圈"，加工涩圈的方法有二种，第一种方法是把施釉后晾干的坯体放在利坯陶车的车盘上，根据器形规格不同，使用各种板刀和弯刀沿坯体口沿和圈足部一圈刮去表面上釉料层，要求刮釉露胎部表面平整、光洁，不要显出刀迹。第二种方法是把刚施釉的坯体，在口沿和圈足部一圈用粗布或大毛笔醮清水擦掉釉料层露出坯胎体，一定要把釉料层清理干净，不要留下釉料的痕迹。涩圈的坯体在烧成过程中就不会粘贴垫饼或匣钵底部，有些民窑类涩圈后的器物，在入窑时把一件器物的圈足底部叠放在另一件器物的口缘部，几件器物重叠放置在筒形匣钵内烧成，目的是装烧简便、节省空间、提高产量，盖罐口沿、足沿部涩圈后无釉的创新，也是古人智慧的结晶。

元明清景德镇所造罐等（浑圆琢器），大部分"两接头"做法制成，腹内部接合处印迹痕或隐或显，可作为器物鉴定真伪参照之一。如《天工开物》记载"凡造敞口缸，旋成两截，接合处以木椎内外打紧匝口。坛（罐）、瓮亦两截，接内不便用椎，预于别窑烧成瓦圈，如金刚圈形，托印其内，外以木椎打紧，土性自合"。罐类等（浑圆琢器）制作繁复，横截面固圆，直部面廓线为弧括，器形优美线条匀称，古人称其为"神圆"。大多数清三代盖罐，因各段坯体分段啮合镶接工序成熟，接痕印迹几乎不见，只有少部分民窑粗器结合处明显不好，用眼就能见到内腹部有一条连接痕印，或用手抚摸连接处能感觉到明显的接缝。

清三代盖罐圈足多数呈滚圆的"泥鳅背"状，底面部有旋削纹，康熙早期部分坯体底部面，因利坯陶车转速慢，坯体在跳动的情况下利修，而刮削粗糙不平整，底部面上见有放射状跳刀痕；乾隆时期坯体圈足背沿部胎釉交汇处有刮削时无意留下一圈小锯齿样边缘线等特征；都是因为利坯、挖足、涩圈工序中整修不细致造成的，这些器物留下特征是我们鉴别真伪的依据。

注：名词解释

a：陶车——陶瓷器中圆形器成形的主要工具，古称"陶钧"，又称"辘轳"，由旋轮、轴顶帽、轴、复杆、荡箍组成。木质陶轮：拉坯φ800～1400cm，利坯φ1040～1220cm，厚边沿30～40cm，中心厚50cm，轴上1100～1200cm，转速：拉坯40～150转／分，利坯50～80转／分，拨轮竹杖或木棍直径30cm×1200cm。（图8（a））

b：圆器——直接在陶车上拉坯，或用陶模（范）成形的器物，圆器坯薄，产量大，故多生产日用瓷，如碗、盘、碟、杯、盏、洗、小罐等。

c：琢器——不能仅依靠陶车，而需要多种工序或进一步加工成形的器物，琢器坯厚，产量小，以生产陈设为主，如瓶、尊、彝、罐等，琢器的制作方法先在陶车上分段拉坯，然后利坯粘接成形，如中／大类盖罐等。

第四节、绘画

绘画（工序：⑾．圆器青花、⑿／⑨．制画琢器／画坯等）（工种：画坯工、落款工、混水工、抬坯工等）

绘画俗称画坯，用特别毛笔蘸青花料在成形素坯体（内）外壁上用各种技法描绘出纹饰和款识，盖罐上优美的纹饰能衬托出器物质地美和造型美，给人一种美感上的享受。

1．青花料分画线料和分水料：⑴．画坯料是把青花料装入小料碟中，在料碟中间用青花料作成料坝分隔成两边，一边盛清水，另一边留作调画线料。⑵．分水料是把青花料用热水泡成熟料，用茶叶水调配成几种浓淡不同的分水料，分碗装好作备用。

2．传统青花手工绘制的加工工艺流程：一般分两种，（a）小／中类外坯体（用蘸釉法施釉）绘制的加工工艺流程：设计画面（初稿）→过稿（描图和摩图）→打箍→勾线→分水→（并用）其他绘画技法→写底款→（外施釉＋施底釉）等；（b）中／大类外坯体（用吹釉法施釉）绘制的加工工艺流程：写底款→（施底釉）→（涩底圈）→设计画面（初稿）→过稿（描图和摩图）→打箍→勾线→分水→（并用）其他绘画技法→（外施釉）等。它们的基本步骤：⑴．设计画面（初稿）：盖罐的纹样每朝都有统一规定纹饰的内容，画坯工用淡墨水或淡黄篾灰水浆直接在坯体上设计作画，绘画出外轮廓线图样初稿。⑵．过稿（描图和摩图）：如果设计的画面上有很多纹样重复出现，就要进行过稿，一般用重描或翻印等方法将原纹样移到坯体上去。如有一种蜡纸图样法：将蜡纸用针笔沿着图样线条刺出小孔，形成点状花纹，将此蜡纸贴在坯体上，用棉花球蘸黄篾灰或红粉，在蜡纸上轻轻刷抹，粉料就从针孔落到坯体上有纹样的地方，形成由小点连接起来的清晰纹样。(3).打箍：盖罐器物绘制纹饰前，部分器物颈和胫部等要边饰，首先要进行青花匝线的绘制，大或中类盖罐把坯体置于陶车圆盘上，由画坯工左手转动圆盘，右手握着蘸饱青花料的箍线笔，笔杆与坯体面垂直，笔尖接触坯体，随着转盘的旋转，坯体上即留下均匀的双环形线，即双圈弦纹。如果是小件盖罐用左手掌托住坯体，右手握着箍线毛笔旋转一圈进行绘制，"至此边线青箍出旋坯之手"(陶冶图治)。(4).勾线（画线）：勾线工用勾线笔蘸上画线料，在坯体上勾勒出纹饰线条，勾线时运笔速度要均匀，一气呵成，线条挺拔有力，也有先分水后再勾线，根据具体条件，灵活运用。(5).分水（渲染填色）：分水又称"混水"，在勾勒的轮廓线条内，混水工用特制的鸡头笔蘸分水料以坯体当宣纸，选用平涂式或渐变式等技法如同绘制国画那样描绘器物上纹样，分水时运笔要有快有慢，胸有成竹，掌握好分水料与坯体的关系，分出的纹饰有深浅不同的色调，青花家高手能分出5种、7种甚至9种色阶，使烧成后坯体画面层次分明，浑然一体，更接近和达到国画艺术的效果。清三代绘画分工很细，画坯工掌握了娴熟的绘画技艺，也许一生就只画几种纹样，"画者则画而不染，染者则染而不画"(卷一)。(6).其他技法：如画坯工用点青法、涂抹法、皴擦法等技法并用来描绘坯体的纹饰，使纹饰层次更加丰富，立体感强，富于表现力。(7).写底款：就是对坯体底部面内进行落底款，用打箍的方法先对坯体底部内腔表面绘制青花双圈款，再由写底款的专门落款工用毛笔在坯体底部面双圈款内写上纪年款等款识，"识铭书纪归落款之工"，进入施釉等工序。

注：①设计画面（初稿）和过稿（描图和摩图）两道工序民窑普通器物上很少用；②绘画＋写底款两道工序对部分民窑器物是一起进行绘制的。

清三代青花盖罐纹饰中康熙中晚期绘画工艺水平最高，康熙青花又称"康青"、"康熙五彩"、"墨分五色"，五色是指色彩变化中有五个层次的色阶，有头浓、正浓、二浓、正淡、影淡之分，《陶雅》中说，"其青花一色，见深见浅，有一瓶一罐而分之七色、九色之多，娇翠欲滴"。绘画坯体时，青花家或画坯工匠们熟练地运用分水法，有意识地造成多种深浅层次不同的色调，使画面浓淡深浅有多层次，并且运用"皴擦"等各种技法并用描绘，还借鉴西洋画的透视技法，使画面具有立体真实感，画面上的人物、山水等像似一幅幅精美细致文人画，代表着清代绘瓷工艺的最高水平，为历代所罕见。一般如果青花料很浓，烧成后的青花呈深蓝色，反之青花料很淡，则呈淡蓝色，民窑青花绘制因产量大和速度快等因素，绘画纹饰简练、抽象生动，民窑粗器大都是由一位画坯工寥寥几笔一气呵成，而官窑青花绘制受朝廷监控，绘画纹饰精雕细作、规范工整，由多位青花家按上述工序画染分工进行，因此清三代景德镇官民制瓷业中，涌现了众多的青花家，生产出大批纹饰精美的青花盖罐。

注：名词解释

a：青花家——指从事釉下彩青花装饰的专业师傅，家：即为家庭手工业，亦或单干。

第五节、施釉

施釉（工序：⒀／⑩．蘸釉吹釉／荡釉等）（工种：上釉工、挑坯工等）

器物的施釉也叫上釉、挂釉或罩釉，俗称剁合坯，在绘好纹饰成形的坯体上施挂釉料浆，烧成后使瓷器表面平滑光亮而强度增加。施釉的方法有蘸釉、荡釉、吹釉、搨釉、浇釉法等多种，施釉方法选择按器物坯体的不同形状、大小、厚薄、釉料的种类等因素而定，许多器物经常把多种的施釉方法混合使用。青花盖罐的施釉通常有以下几种方法，坯体内壁部使用荡釉法，外壁部小／中类坯体用蘸釉法，中／大类坯体用吹釉法，坯体圈足底部面使用促釉、荡釉法或蘸釉法，以上施釉的方法，具有速度快、吸收釉料均匀，操作方便的特点。

1.利坯和内补水工序后进入盖罐坯体内部施釉，用荡釉法也称盪釉法对盖罐坯体内部施釉，方法是把适量釉料浆注入坯体内，右手扶住罐的溜肩部，左托住罐的底部，以右手为主作旋荡晃动，使釉料浆均匀地满布坯体内部，然后迅速倾倒出剩余的釉料浆，最后将坯体继续回转，使口沿部不留残釉料，荡釉需一次性完成，否则会出现釉头和釉层剥落等缺陷，晾干后进入外补水、精修等工序。

2.大多数中／大类外坯体一般采用吹釉法施釉，一般写底款工序后先进入坯体圈足底部面施底釉，用荡釉方法对外坯体圈足底部面施釉叫做促釉法，方法是先把坯体底足部朝上，用特制毛笔将坯体圈足底部面内刷一层清水，可有效防止缩釉和坯体吸釉过快使釉料层偏厚的缺陷，用竹筒舀釉料浆倒进圈足腔内，再用手托住坯体口缘上部，轻轻地晃动坯体，使釉料浆均匀分布圈足底部周围表面，再把坯体翻转过来，倒出剩余釉料浆，先初步涩底足圈，选用涩圈工序中第二种方法，即用粗布、毛笔擦清或刷掉圈足部的釉料层，使圈足部露出坯胎体，目的是不粘贴料板等，把促好釉的坯体放在料板上晾干，进入绘画和外施釉等工序。

3.写底款或绘画工序后进入坯体外部施釉：⑴．小／中类坯体用蘸釉法也叫浸釉法对坯体外部和底部施釉，方法是先用干软毛刷除去坯体表面的灰尘及油渍，用右手指伸入罐口沿内夹住坯体，如果是中罐等还要借用辅助工具如蘸釉钩等托住坯体底部，注意开始坯体浸放在釉料浆时，坯体要倾斜一点，排出圈足内的空气，使圈足底部面完全浸泡在釉料浆中，最后使坯体口沿部与缸内釉面层平齐（不能让釉料浆流入坯体内），既不能高出一丝一毫，又不能浸入半分三厘，借坯体的吸水性，使釉料浆均匀地吸附于坯体表面，片刻后取出坯体待多余的釉料滴完，马上或晾干后进入涩圈等工序，蘸釉后的坯体口沿与底部涩圈工序多数采用第二种方法擦掉釉料层。(2).中／大类坯体先施底釉后再用吹釉法对坯体外部施釉，把除去灰尘的坯体放在吹釉盘中，缓慢转动圆盘上坯体，用一根吹釉竹管，一端蒙以细纱布，蘸釉料浆后对准应施釉坯体部位，用嘴吹竹管另一端，釉料浆即通过细砂孔附着在器坯表面，如此反复进行，坯面可得厚度均匀的釉料层，吹釉的遍数，根据器物的大小与釉层的厚薄，一般吹釉一至两遍，也有吹釉三至五遍或十几遍的，取下圆饼上的施釉的坯体，放在通风房间内马上或晾干后，进入坯体口沿与底足部涩圈工序，多数采用第一种涩圈方法，即把坯体放在利坯陶车上，用板刀刮去坯体口沿与圈足部的积釉层。此时坯户完成整个制作坯体成形工艺流程的全过程，进入烧成工序。

　　施釉应根据坯体的釉料层要求，掌握坯体的吸水率，釉料浆的浓度和浸渍时间，施釉中要注意到各种釉料的不同流动性，施釉后坯体外釉料层均匀一致、厚薄适当。烧成后釉层厚度对青花发色和釉的呈色质量影响很大，如釉料用量愈多釉料层厚，釉的熔融温度愈低，质感较为透明，光泽也较好，但容易流釉，青花色调偏向灰紫色，纹饰模糊不清等。康熙时期部分中、大类器物，因采用腹内部和外底部荡釉、外部吹釉两种分开的施釉方法，为了降低成本等原因，往往用了两种釉料，器腹内部和外底部面施粉白釉，用釉料少，釉层较稀薄，而器身外部面施亮青釉，硬亮青釉等，用釉料多，釉层较厚，由于两种釉料的烧成温度点不一致，所以腹内部和外底部釉面有缩釉点（针孔、棕眼），底部釉层薄见有坯胎中旋削纹痕迹等现象，而外部釉面纯净细润，莹润光亮，瓷化程度高，胎釉结合极坚密，一件器物施两种釉料，是康熙朝特有的现象，也是我们鉴定和断代的重要依据之一。

　　注：名词解释

　　a：搨釉法（涂釉、刷釉、拓釉法）——用毛笔或刷子蘸取釉浆涂在器坯表面，此法也常用于补釉，适用于长方棱角等器物外部施釉。

　　b：浇釉法——将大件器物或一面施釉的坯体，放在木板上，板下置盆，用勺或碗臼取釉浆泼浇器物，使坯体施上厚薄均匀的釉层，适用于不能用蘸釉法的大件器物施釉。

　　c：轮釉法——将坯体放在旋转的轮上，用勺臼取釉浆倒入坯体中央，利用离心力的作用，使釉浆均匀地散开而附着在坯体上，多余的釉浆飞散到坯外，适用于盘和碟类形状扁平的器物施釉。

第六节、烧成

　　烧成（工序：(4).／③制造匣体／镀匣、(15)／ ⑪ .成坯入窑／满窑、(16)／ ⑫ .烧坯开窑／开窑、(19).束草装桶、(20).祀神酬愿等）（工种：装坯

工、满窑工、烧窑工（把桩、加表）、开窑工、包装工等）

烧成是瓷器工艺过程中最重要的环节之一,器物坯体通过一定气体介质和温度煅烧,发生脱水、分解、熔融、化合、还原、二次氧化、析晶、晶形转变、液相分离、烧结等一系列物理、化学变化后才能变成瓷器。烧成工艺包括装窑工艺和烧窑工艺二大部分组成,有"一装,二烧,三熄火"等工序才能烧出好瓷器。盖罐烧成的加工工艺流程: 装坯→满窑→(祈神)→烧窑[缓火期、热火期＋速火期、净火期、(测温)、熄火期]→开窑→选瓷→包装→(祈神),以下是各道工序的介绍。

1. 装坯、满窑

(1).把成形并已干燥达到入窑的生坯装入匣钵内准备入窑烧成称为装坯或装钵,方法: 装钵前应将匣体打扫干净,涂刷上一层釉,以防装烧时匣钵屑粒子掉入坯上,再在匣体底上撒一层薄薄的糠头灰,以防止坯体底部与匣体熔结,还要放上一块垫饼,把坯体装入匣钵内,如果是精品器物四周用刨花支撑,使坯体平衡装好。(2).要烧好一窑瓷器,关键是满好窑,满窑又叫装窑,是根据不同的窑室结构,窑内温度和气氛的分布,坯体釉层的厚度,釉料配方,器物档次等而有不同的满法。a: 景德镇的镇窑窑室高大,结构特殊,没有吸火孔,没有闸板,对火焰的控制主要靠匣钵柱的松紧稀密来调节,满窑工在生产实践中摸透了火的脾气,把满窑烧窑概括为"卡和放"的技艺,所谓"卡"就是卡住火路,不让火白白地跑掉,"放"就是让火按照满窑时布置的火路去跑,命令火就范,以保证各窑位的温度和气氛达到预期目的。b: 清三代烧窑户中满窑工对搭烧坯户的器物,放入镇窑时其满法为"当窑门前一二行皆以粗器障搪怒火,三行后始有细器,其左右火眼处,则用填白器拥燎搪焰,正中几行,则满官古、冬青等器,尾后三行,又用粗器拥焰,若窑冲,惟排砖靠砌而已"(卷四)。一切就绪后,根据窑位的不同温度,满窑工将装好坯体的匣钵以窑柱的形式,一排排地摆放在窑室内,满窑完成后还需砌设火床和窑门,窑门封好后,用黄泥涂敷一层并填平缝隙,以防止空气渗入,即可进入点火烧窑阶段。

2. 烧窑

景德镇传统的镇窑,为了看火方便,一般都是在晚上点火,从点火到熄火的时间是一天一夜,分上、下半夜,日窑三个班,也就是24小时,整个烧窑的周期,一般是满窑一天,烧窑一天,冷却一天,到第四天早上开窑,共计四天左右,镇窑是一种适于快速烧成和快速冷却的窑,投柴总量一般为 $2.5 \times 10^4 \sim 3.0 \times 10^4$ kg,烧出瓷器10～15吨左右,柴窑的烧造共分溜火、紧火＋速火、净火三个阶段,中间还要测温,最后是熄火期,共计一天一夜,烧窑整个过程由把桩师傅指挥把关,凭他经验而定。(1).缓火期(溜火):是瓷器烧制的初始阶段,从点火烘坯起至烧还原焰止,采用短柴浅烧，拖长低温时间，是窑内火力平衡和水分烘干，达到升温排出的目的，时间需要10~12小时，窑温达到950℃~1010℃左右。(2).热火期（紧火）：是瓷器烧制的中间阶段，从还原焰后期开始，加大投柴量和空气输入量，使其火力加大猛烧，温度升高到1050℃~1250℃左右，燃烧时间控制六小时左右，烧到一定程度还要净火，是瓷器烧成关键阶段。(3).速火期（速火）：是瓷器烧制的最终阶段，为了使窑内温度继续升高，投柴次数增加，燃料充分燃烧，在三至四个小时之内，可使窑温从1250℃升到1320℃左右，目测如果火焰发出白色光线色调就达到所要求的温度，再保温平烧一至二个小时，使器物在高温中一次烧成。(4).净火期：为了调整窑内的温度分布等，烧到一定程度以后要净火，净火也称为钩火，将炉膛里的炭火掏钩出来，让火暂时熄灭，再投湿柴和泼水等使窑前不致产生过火现象，提高窑后面的温度等，同时让湿柴火在炉中得不到充分燃烧，从而增加窑内的二氧化碳，起到还原作用，有时还要净第二次火。(5).测温方法：烧窑工对窑温的控制很熟练，传统的测温方法是凭眼睛观测火焰的颜色变化或照子（试样）观测等，烧窑工取破碎的坯体一片，将它削成上宽下尖形，上端镂一圆孔，施半釉，插于窑炉火口上，当烧到一定程度时，用铁钩将照子钩出来，凭长期丰富实践经验，确定窑内温度，来检验坯体是否烧熟，还可识别其原料的优劣。(6).熄火期（歇火）：照子也作为熄火的依据或者目测窑内火焰清爽如清水颜色那样，可以判断全窑瓷器是否已经烧熟的证据，此时可以熄火停烧，熄火后二小时左右可以拆去投柴口以上窑门的砖块，使它自然冷却，二十四小时后再拆去整个窑门砖墙，即可进行开窑。

3. 开窑、选瓷、包装、祈神

(1).由开窑工从窑内分批卸下匣钵搬出到窑外，开窑工从匣钵内取出器物，轻轻敲打垫饼，使器物和垫饼分离，一件精美的（盖罐）瓷器诞生了。(2).取出（盖罐）瓷器要进行分类挑选，清三代评定标准为"瓷器出窑，分类拣选，有上色、二色、三色，脚货之名，定值高下"（陶冶图说）。(3).先将瓷器分成各种类，官窑或民窑中精品瓷器擦净后放入专用木桶中存放，普通民窑瓷器用茭草和绳子捆扎包装。(4).为了祈求烧窑成功，能烧出好瓷器，工匠们在点火前还要在窑头的一侧搭神龛，祭窑神"佑陶之神"等，如果是烧制大件、官窑器物，每次窑炉点火前或开窑时先举行请神保佑的仪式，节日等还要举行隆重的祭窑活动。

青花盖罐的胎釉和青花质量除了原料、制作、工艺等因素有关，还与坯体入窑后放置的窑位，窑内烧成温度和气氛，对坯体的青花和釉的色调都有一定影响，如在1250℃烧成时，青花色调呈蓝到深蓝色，烧成温度提高到1350℃时，则呈蓝黑色等。清三代时期景德镇制瓷业建立一套非常完善的分工合作制瓷体系，各道工序上下对应，互相连贯，要经过"共计一坯之力，过手七十二，方克成器"的工艺流程，直至青花盖罐成形、绘画、施釉、烧成等制作完成。

注：名词解释

a：匣钵－瓷器制品焙烧的辅助用具，以耐火粘土制作，形状一般为筒形或漏斗形等，匣体的发明和广泛使用，为瓷器的优质高产创造了良好的条件。(图8(c))

b：蛋形窑——出现于明末清初景德镇，是由元明时期的葫芦形窑发展演变而成的，蛋形窑形如半个鸭蛋覆盖，窑的构造比较简单，建筑成本较低，一座窑一根烟囱，装烧量大，适宜快烧快冷，热利用率高，以松木为主燃料，故又名柴窑，又称为镇窑，适应颜色釉、青花、玲珑等多品种的烧成，景德镇的镇窑是我国宝贵的传统制瓷技艺中一个重要组成部分，在我国陶瓷史上占有重要地位，镇窑的出现和发展，是清三代制瓷业的生产和质量达到高峰。(图8 (b))

c：氧化气氛——瓷器烧成气氛之一，器物坯件在整体烧成过程中，均在充分供给氧气的情况下加热升温，直至烧成，这种烧成气氛，称为"氧化气氛"。窑室烟气中游离氧浓度为8%～10%时称强氧化气氛，游离氧浓度为4%～5%时称普通氧化气氛。

d：还原气氛——瓷器烧成气氛之一，器物坯件在高温阶段的某一温度范围内处于缺氧中加热烧成的状态，这种烧成气氛，称为"还原气氛"，窑室内烟气中的游离氧浓度小于1%而一氧化碳浓度较低时称弱还原气氛，较高时称强还原气氛。

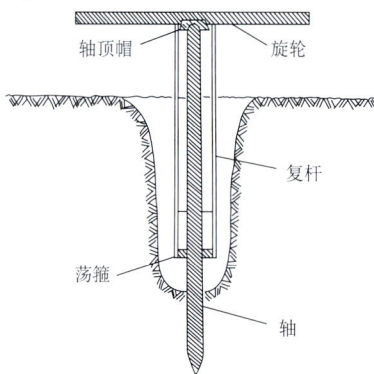

图8 (a) 陶车剖面图

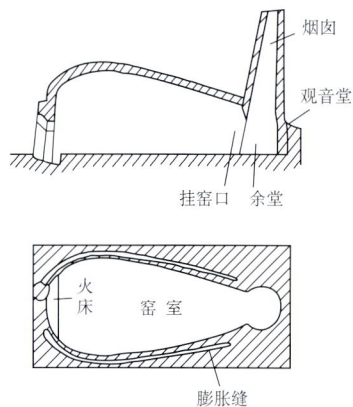

图8 (b) 蛋形窑平、剖面图

图8 (c) 匣钵

第七节、清三代制瓷工艺中部分工序图片和文字

淘练泥土（图）

采取青科（图）

制造匣钵（图）

琢器修坯（图）

圆器青花（图）

制画琢器（图）

蘸釉吹釉

圓琢各器凡青花與官哥汝等均潿上釉入窰上釉之法古制將琢器之方長稜角者用毛筆搨釉與每失於不勻至大小圓器及渾圓之琢器俱在缸內蘸釉其弊又失於體重多破故全器倍為難得今惟圓琢器之小者仍於缸內蘸釉其琢器與圓器大件俱用吹釉法以徑寸竹筒截長七寸頭蒙細紗蘸釉以吹俱視坯之大小與釉之等類別其吹之遍數有自三四遍至十七八遍者此吹蘸釉由分也

蘸釉吹釉（图）　蘸釉吹釉（文字）

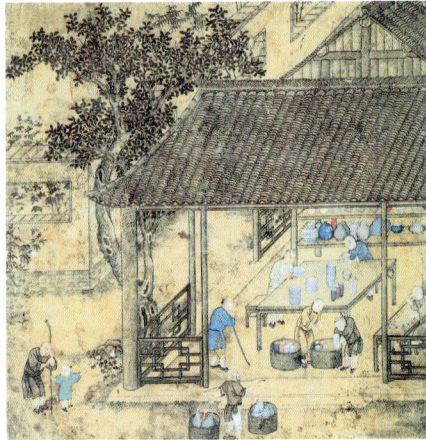

成坯入窰（图）　烧坯开窰（图）

祈神酬願

景德一鎮僻處浮梁邑境週袤十餘里山環水繞中央一洲綠瓷產其地商販畢集民窰二三百區終歲煙火相望工匠人夫不下數十餘萬靡不藉瓷資生窰火得失皆尚禱祀有神童姓為本地窰民前明製造龍缸連歲弗成中使嚴督窰民苦累神躍身窰突中捐生而缸成司事者憐而奇之於是廟祀之內建祠祀焉踴曰風火仙迄今屢著靈異窰民奉祀維謹酹獻無虛日甚至俳優奏技數部簇於一場

臣戴臨敬書

祈神酬應（图）　祈神酬應（文字）

　　清三代盖罐造型都为小口短颈、圆形腹、腹下渐敛，内凹圈足，而口小有利于防潮，便于套上盖子，使储存在罐内的物品与外界隔绝，圆腹可多存放物品。盖罐俗称"扣罐"或"人头罐"，这里"扣"或"人头"指的就是盖，把盖套在罐上端口缘中与罐融于一体，一则潮湿空气不易侵入，并能隔断光线照射，使储藏在罐内的物品，具有良好的密封实用性；二则可使盖罐整体器形完美，线条曲线优美，又有观赏性，这也是中国陶瓷传统的优点。因盖子经常要拿动，比较容易打碎或遗失，民间老百姓常说："十个罐子，九个缺盖"，所以盖的存世量比罐少，如果一个罐子缺少了个盖，该罐子就成了一件残缺器，它的收藏与经济价值都无法提高。盖子质地以瓷质为上乘，瓷圆盖以清三代官窑和民窑中精品瓷圆盖为质量最好，因为当时的陶工往往不惜工本，制作精致，无论盖的胎质、造型、纹饰等具有很高艺术和收藏价值，也有用金属、红木等材料重新配置的盖，如后面介绍的金银圆盖、锡圆盖，红木圆盖等。清三代盖罐能够保存到现在，它经历了风风雨雨数百年考验，如自然灾害、战乱以及社会其他动荡因素所带来的损毁，原罐保存下原配的瓷盖是极少数的，因烧造时，有一部分原配的瓷盖与原罐在同一窑炉中所处的位置不同、温度点等不同，造成原盖与原罐器物上的青花和釉料的发色差异不同。一般收藏爱好者买回的罐子都是不带盖的，罐的盖是用后配方式重新配置的，被古玩行称为"鸳鸯"，但是要求后配盖的口缘、胎釉、造型与纹饰与原罐的口径、器形等相似，使器物与器盖完全配合，使它成为一个完整器。我就是将失盖的罐购进后，按罐子口缘尺寸与器形，再去买瓷圆盖或锡圆盖、红木圆盖等，将后配的圆盖套在罐中，达到了张冠李戴却事半功倍的效果，书中介绍带盖的罐，少数是原配的圆盖，大多数是错置或拼配的。目前精品瓷圆盖的数量少，价位与罐子比较还是偏低的，锡圆盖、木圆盖价位更低了，在古玩界专项收藏盖的人很少，整理研究盖的专业性资料文章更少，以下是笔者收藏盖的感悟，得出的经验总结，介绍给读者，不妥之处，尚希不吝赐教。

一、清三代青花瓷圆盖

　　盖的实用性主要是密封,而瓷圆盖扣在罐中使整体盖罐纹饰和器形和谐统一,美仑美奂的独特艺术魅力,如瓷圆盖上的装饰纹使整体盖罐纹饰起到画龙点睛的作用,因为有了瓷圆盖才使清三代盖罐的造型丰富多姿、耐人品味,有端庄秀美的康熙朝风格,圆润柔美的雍正朝风格,饱满精美的乾隆朝风格,使三朝盖罐达到艺术发展的顶峰,所以说其它任何拼配金属、红木料等圆盖都达不到这种原配的艺术效果。瓷圆盖以下简称为圆盖,清三代青花圆盖以康熙、雍正、乾隆三朝官窑圆盖和民窑中精品圆盖质量最好,该圆盖以"胎坚、釉润、形秀、纹精、工细"著称,官窑圆盖的特色是从器形上增加创意,如康熙朝:青花夔龙纹罐中直壁宝珠形钮圆盖,雍正朝:青花福寿纹罐中弧凸顶制宝珠钮圆盖等,使罐与盖配合恰到好处,高贵典雅,追求一种盖罐整体适度与和谐之美,艺术水准之高令后人叹服。而民窑精品中圆盖的特色是从纹饰上增加创意,如康熙朝:青花仕女婴戏纹罐,虽说为直壁平顶圆盖,但圆盖中婴戏纹饰生动传神,渲染层次清晰,从罐腹体中四妃十六子纹饰,增加盖面中五子夺魁纹饰,使盖罐装饰纹达到整体完美的艺术效果,乾隆朝:豆青青花五福纹罐,如果没有豆青青花团寿纹圆盖,"五福"就不能捧"寿"了。三朝中官窑和民窑精品圆盖时代特征为胎质坚致细腻,胎体较沉重,制修胎细致,瓷化程度高,釉面纯净细润,胎釉结合紧密,青花发色青翠明快,绘工简洁精细,纹饰美观雅致,盖面纹饰有吉语、博古、花卉、山水、动物、人物纹等,器形规整中透露出一种美,有宝珠形钮式、半圆形式、圆形式的式样,这部分圆盖比同类罐的存世量都少,而且目前价格偏低,具有一定收藏的潜力,一旦收到的圆盖与罐配上,使罐的整体价位提高到15%左右。清三代民窑中普通圆盖总体质量还可以的,制胎成形规整,但艺术水准不是很高,时代特征为胎土精细,胎质坚致,胎体厚重,瓷化程度好,釉面纯净温润,青花发色浓艳,绘画不很精细,线条流畅生动,纹饰抽象简洁,盖面纹饰有云纹、博古、花卉、山水、动物、人物纹等,相对而言收藏清三代人物纹的精品圆盖艺术水准为最高的,器形多数是直壁平顶、带盖沿的圆盖。而乾隆晚期民窑器中普通圆盖质量越来越差,胎骨粗糙,釉面肥腴,青花色泽深沉,绘画随意不精,加工成形粗劣,都有变形等现象,这部分圆盖存世量大,无艺术性可言,下面选几只有代表性的清三代青花圆盖介绍给读者共赏。

康熙　青花釉里红人物故事图宝珠式钮圆盖
高：8cm、内径：12cm、外径：13.8cm／早期

　　盖方唇，平沿口微敛，直壁微弧，平顶略隆，上附宝珠式钮，盖底口部刮釉露胎。胎质坚致，胎体厚薄均匀偏重，盖侧有凹面等缺陷，盖外满釉内素胎，釉色呈亮青色，釉面匀净肥润有缩釉点，青花呈深蓝色，釉里红呈深红色，呈色稳定。顶钮面釉里红绘有几何纹，用青花略渲染，圆盖侧面一周绘有仕女观景人物故事图，有一位仕女衣纹飘逸，坐待观望天空，占星卜算人生，四周以洞石、花草等衬景。画面表达出仕女的思念和忧愁，线条流畅洒脱，以青花为主，釉里红点缀，青花的幽静雅致，釉里红浑厚浓丽的色调，形成了高雅而又朴实的艺术风格，此圆盖是一件外销瓷，是康熙朝民窑中精品。

正面

反面

康熙　青花云纹圆盖
高：3.5cm、内径：11.5cm、（顶圆）外径：13cm／早期

　　盖方唇，平沿口微敛，斜壁平顶略隆，盖沿平出，盖内壁底端部切削与盖底面口部刮釉露胎。胎质坚致，胎体厚重，釉色呈亮青色，盖内壁素胎平整，有极细旋胎痕和缩釉点，盖外壁满釉，釉面匀净肥腴，有缩釉点和窑粘，用国产浙料，青花呈灰蓝色，色泽深沉灰暗，有晕散痕迹。盖壁上、下部各饰一道单圈弦纹，内绘有四朵如意云纹，盖顶面外边缘饰双圈弦纹内绘有如意云纹和一字云纹，有一朵组合十字如意形云纹，云头粗云脚短，层次较多，双向伸展，间饰四朵一字形云头分别四周环绕。勾线填色留白，但留白不到云脚，绘画粗糙，线条流畅，"四"与"事"谐音，寓意"事事如意"，是康熙朝民窑中普通器物。

康熙　青花婴戏纹圆盖
高：4cm、口径：11.5cm、外径：12.5cm／中期／福州市博物馆藏

　　盖方唇，平沿直口，直壁平顶，盖内壁底端部切削与盖底面口部刮釉露胎。胎质纯净、坚硬，胎体沉重，瓷化程度好，制修胎讲究，釉色呈粉白色，盖内壁素胎细白，盖外壁满釉，釉面纯净细润，胎釉结合紧密，青花呈纯蓝色，色泽明净艳丽。盖壁下部饰一道单圈弦纹，上中部通体一周饰组合纹（如意、回纹），线条纤细流畅，盖沿一周施酱褐釉，盖顶面外边缘饰双圈弦纹，内绘有五个童子在庭院洞石栏杆中玩争夺盔帽和甩袖起舞的政治游戏。用分水皴等浓淡渲染描绘，画面布局饱满，用笔挥洒流畅，"盔"音同"魁"，寓意"吉祥、庆贺、多福"、"五子夺魁"，是清三代青花民窑圆盖中珍品。

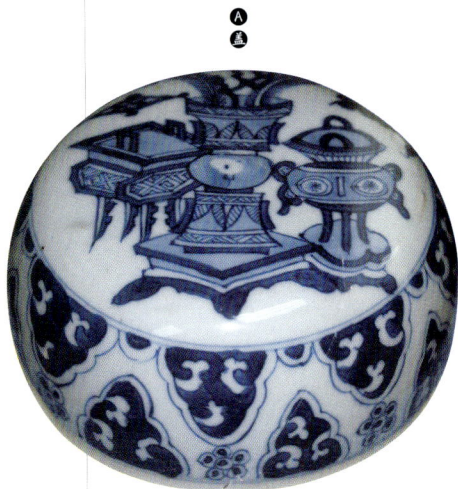

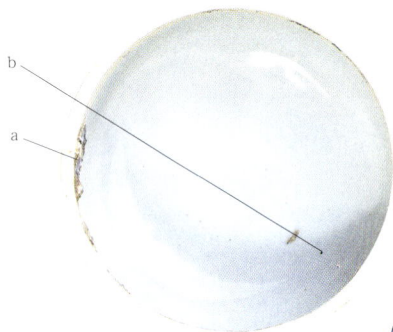

康熙　青花博古／团凤纹圆盖／福州市博物馆藏
A：高：6.0cm、内径：12.6cm、外径：14.6cm／中期
B：高：5.4cm、内径：12.3cm、外径：14.1cm／中期
C：高：5.2cm、内径：11.5cm、外径：13.3cm／中期

　　盖方唇，平沿口微敛，直壁微弧平／弧顶，盖底口部刮釉露胎。胎质坚密，胎骨细白，制修胎细致，胎体厚薄匀称偏重，瓷化程度高，釉色呈硬亮青色，盖内壁素胎，釉面清亮细润，A盖有黏附物（a）和缩釉点（b），盖外壁满釉，釉面匀净细润，胎釉结合紧密，青花A盖呈深蓝色，B／C盖呈纯蓝色，色泽深沉浓艳、明净艳丽。A罐盖壁饰上下相错八组仰覆青花地云肩纹，间饰圆点纹和梅花纹点缀，底部饰双圈弦纹；B罐盖壁上部饰青花地如云纹，下部饰圆点纹和单圈弦纹，C罐盖壁底部饰青花地缠枝半菊纹宽带，盖侧壁饰回纹锦地，中间四面椭圆形开光内绘有折枝牡丹纹和博古纹。A／C盖顶面外缘饰双圈弦纹内绘有博古图，有瓶插翎毛（有两眼翎毛，加饰一戟）、宝鼎和香炉、古琴和书函等博古器，四周用灵芝和方胜、火珠等杂宝环绕。B盖顶面外缘饰双圈弦纹，中间绘有一只鸡首细目，展开双翼，凤尾飘曳的团凤纹，间饰四个如意形云头纹相隔。用勾染技法描绘，分水层次清晰，画风潇洒随意，线条细密而流畅，A／C罐寓意官升一级，官至翎顶，B罐描绘追求一种脱俗的自然风格，是康熙朝民窑青花圆盖中精品。

　　盖方唇，平沿直口，直壁平顶，盖内壁底端部切削与盖底面口部刮釉露胎。胎质坚密，胎骨细白，胎体沉重，瓷化程度好，制修胎细致，釉色呈硬亮青色，盖内壁素胎细白，盖外壁满釉，釉面清亮莹润，胎釉结合紧密，有玉质和清亮感，用国产浙料，青花呈纯蓝色，色泽浓艳青翠，此类蓝地白花的青花称为"反青花"。盖沿一周施酱褐釉，盖顶面外边缘饰双圈弦纹，盖外壁满绘青花冰梅纹，用青花深料绘冰裂纹片，再以稍淡青花渲染，在冰裂状青花蓝地留白处为梅花纹，盖面中心有盛开大朵梅花纹，四周和侧面对称有四组半朵梅花纹。纹饰层次清晰，蓝白相间，鲜艳夺目，极具艺术的感染力，是康熙朝民窑青花圆盖中精品。

康熙　青花芦雁纹圆盉
高：3.5cm、内径：9cm、外径：10.5cm／晚期

　　盖方唇，平沿直口，直壁平顶，盖内壁底端部切削与盖底面口部刮釉露胎。胎骨细白，胎质坚致，胎体沉重，瓷化程度好，盖外满釉内素胎，釉色呈硬亮青色，釉面细硬温润，胎釉结合紧密，青花呈淡蓝色，色泽淡雅清丽。盖侧面上、下部各饰一道双圈弦纹内绘有四组对称芦草纹，盖顶面外边缘饰双圈弦纹内绘有芦雁纹，在芦苇滩地中几株芦草在风中摇曳，用凸起浅浮雕刻画留白，绘一只大芦雁凝神伫立，顾盼瞻望，神态生动。用勾染等技法描绘，纹饰生动自然，线条流畅洒脱，富有层次立体感，艺术成就颇高，是康熙朝官窑器物。

雍正　青花云纹圆盖
高：2.4cm、内径：9.6cm、（顶面）外径：11.6cm

　　盖方唇，平沿口微敛，斜壁平顶，盖沿平出，盖内壁底端部切削与盖底面口部刮釉露胎。胎质精细，洁白坚致，胎体厚薄均匀，瓷化程度高，制作修胎仔细，釉色呈粉白色，盖内壁光洁平整，有缩釉小棕眼和旋胎痕，盖外壁满釉，釉面纯净细润，玻璃质感强，有桔皮纹，胎釉结合紧密，用国产上等浙料，青花呈淡蓝色，色泽淡雅清丽，发色稳定。盖侧面上、下部各饰一圈单圈弦纹内通体一周绘有回纹，纹饰清新淡雅，盖顶面外边缘饰双圈弦纹内绘有如意云纹和山字云纹，外圈如意云纹，云头为双向排列，有飘逸的云脚，间隔山字云纹，如"山"字形状，盖中心有一朵组合如意形云纹，飘浮圆润无云脚。勾勒填色准确，纹饰简洁清晰，画风飘逸生动，线条自然流畅，给人以浅淡雅丽的艺术风格，寓意"六六大顺"、"万事如意"，是清三代民窑青花圆盖中精品。

雍正　青花双蝠纹圆盖
高：2.4cm、内径：10.2cm、（顶面）外径：12.2cm

　　盖方唇，平沿口微敛，斜壁平顶，盖沿平出，盖内壁侧底端部切削与盖底面口部刮釉露胎。胎质细腻，胎体厚薄均匀，不显厚重，制修胎规整，釉色呈青色，盖内壁釉较薄，平整光洁，中间有细小旋胎纹，盖外壁满釉，釉面匀净滋润，有缩釉点，青花呈青蓝色，色泽浓艳深沉，浓重处可见铁锈黑褐色线条，呈色稳定。盖侧面上、下部饰一道双／单圈弦纹内上顶部对称绘有兰草纹，寥寥几笔，线条洒脱，盖顶面外边缘饰双圈弦纹内绘有双蝠纹，头部相对，头小有须，眉目清晰，双翼细长，筋脉明显，翩然飞舞，生动传神。绘工精细，线条流畅，层次清晰，留白极为得体，因"蝠"与"福"谐音，寓意"福上加福"、"吉祥幸福"、"洪福齐天"。

乾隆　青花人物纹大圆盖
高：2.3cm、内径：12.3cm、外径：13.8cm／早期

　　盖方唇，平沿直口，直壁平顶，盖内壁底端部切削与盖底面口部刮釉露胎，胎质细白坚致，胎体厚重，瓷化程度好，修胎规整，釉色呈亮青色，盖内壁光洁平整，有缩釉点，盖外壁满釉，釉层肥腴，釉面匀净细润，青花呈青蓝色，色泽浓重深沉，呈色稳定。盖侧面绘山石纹，盖顶面外边缘饰双圈弦纹，内绘有三老观图纹，描绘文人雅士在郊外竹林中占卦赏画的情景，人物形态逼真，栩栩如生之感，劲挺的竹林，竹子细长有节，竹叶摇曳多姿，背景衬以山石等。构图严谨满密，用涂抹法等描绘，画意生动丰富，线条工整流畅，层次立体感强，是乾隆朝民窑圆盖中不可多见的佳作。《三国志·魏志·嵇康传》"相与友善，游于竹林，号为七贤"，指魏晋时期嵇康等七位文人；或指宋王辟之《渑水燕谈录》载："庆历末，杜祁公告老退居南京，……吟醉相劝，士大夫高之……五人年皆八十余，康宁爽健，相得甚欢，"此纹饰寓意文人士大夫赋诗咏怀，尽显文人情态；或指功成名就之后退隐山林，享受康宁的安逸生活。

反面

正面

乾隆　青花桃纹圆盖
高：3cm、内径：11.2cm、（顶面）外径：12.5cm/ 中期

　　盖方唇，平沿口微敛，斜壁平顶，盖沿平出，盖内壁底端部切削与盖底面口部刮釉露胎。胎质坚致，胎骨灰白，制修胎规整，胎体厚薄均匀，瓷化程度好，釉色呈硬亮青色，盖内壁素胎平整光洁，有极细旋胎痕，盖外壁满釉，釉面坚致温润，用国产青花浙料，呈青蓝色，色泽纯净艳丽，色调明快。盖壁上、下部各饰一道单圈弦纹，内绘有璎珞纹，盖顶面外边缘饰双圈弦纹内绘有折枝桃纹，有四枚硕大的桃实，果实饱满圆润，枝叶穿插有序。用点青法描绘，果实上有点饰，叶片则勾脉，构图随意饱满，但绘画不细，唐骆宾王《代女道士王灵妃赠道士李荣》诗："桃实千年非易待，桑田一变已难寻"，古人以其为长寿的象征，是乾隆朝民窑器物。

乾隆　青花缠枝菊纹／缠枝莲纹圆盖
A：高：3.4cm、内径：10.7cm、（顶面）外径：12cm／晚期
B：高：3.1cm、内径：9.2cm、外径：10cm／晚期

　　盖方唇，A盖平沿口微敛，斜壁平顶略隆，T形有盖沿，B盖平沿直口，直壁平顶，盖内壁底端部切削与盖底面口部刮釉露胎。胎质坚致，胎体厚重，通体釉色呈亮青色，盖内壁素胎平整，有极细旋胎痕和窑裂，盖外壁满釉，釉层滋润肥腴，有缩釉点和粘沙等现象，青花为浙料，A盖呈深蓝色，B盖呈青蓝色，色泽浓艳和青翠，呈色稳定，盖壁上、下部各饰一道双／单圈弦纹，上顶通体一周绘有变形焦叶纹，盖顶面外边缘饰双圈弦纹内绘有缠枝菊纹／缠枝莲纹，盖中心是一朵变形的菊花／莲花，用缠绕的枝蔓连接花叶，有细碎的卷曲状和写实状的叶片。用涂抹法描绘，构图繁缛单调，纹饰线条流畅，艺术成就不高，是乾隆民窑中普通器物。

乾隆　青花一团和气纹圆盖
高：3cm、口径：10.5cm、外径：13.5cm／晚期

　　盖子口内敛，斜方唇平沿，斜壁平顶，盖沿平出，折沿边，盖底面口部、外侧面壁部和内折沿面部、内壁底端部斜切都刮釉露胎，盖内壁素胎平整，有二条鸡爪纹（a），胎釉交汇处有火石窑红（b），胎质细白坚致，胎体厚重，制修胎规整，盖顶面满釉，釉色呈青白色，釉面纯净滋润，有缩釉点（c）等现象，用国产浙料，青花呈深蓝色，色泽浓重深沉。盖顶面外边缘饰双圈弦纹，内饰十字方形锦纹，中间绘有一团和气纹，人物团坐，眉目清秀，披发嬉笑，袍袖宽大，双脚肥胖，双手捧有"一团和气"的横匾。纹饰繁缛呆板，生硬的线条之内以平涂为主，缺乏层次感，寓意待人接物笑口常开，一团和气，充满喜庆、和谐的气氛，是乾隆朝民窑中普通器物。古人一直来强调以"和为贵"的思想，一团和气的成语来源于宋朝朱熹的《伊洛渊源录》："明道（程颢）终日坐，如泥塑人，然接人浑是一团和气。"历史上明宪宗朱见深漫画过"一团和气"的像，内容为画着三人共一张笑脸，诏示天下人"合三人以为一，达一心之无二，忘彼此之是非，蔼一团之和气"，表明释、道、儒三教合一的思想等。

　　注：清三代盖罐中有一种口缘外上釉，内口缘露胎无釉，而其它特性都相同的盖罐，它使用以上内扣式圆盖。

乾隆　豆青青花团寿纹圆盖
A：高：3.5cm、口径：12cm、（顶面）外径：13.5cm／晚期
B：高：4.0cm、口径：6.0cm、（顶面）外径：10.0cm／晚期

　　A盖为外扣式，方唇平沿，口微敛，直壁平顶，盖沿平出，B盖为内扣式，盖子口内敛，方唇平沿，斜壁球形顶，盖沿平出，折沿边，两盖沿都有磕碰等现象，盖内壁底端部切削与盖底面口部刮釉露胎，胎釉交汇部有一圈火石窑红色，胎质坚致细腻，胎体厚重，制修胎成形规整，瓷化程度好。在胎体上用粉白先描绘一个团圆纹饰，用青花在凸起白粉之上书写篆字团"寿"纹，器物内外部施罩一层豆青釉入窑一次性烧成，盖内壁素胎釉层较薄，釉面平整光洁，有缩釉点，盖外壁满釉，釉层肥厚，釉面匀净温润，色泽如豆青翠绿色，青花呈深蓝色，色泽深沉浓艳，胎釉结合紧密，有玉质感。布局饱满而对称，寿字篆法古朴，字体规范端正，勾边填色准确，四周均留有白粉边饰，在豆青面上用青花书写团寿纹的形式，将吉祥寓意表现得淋漓尽致，是乾隆朝民窑器物。

215

二、清代锡圆盖

　　锡是一种银白略泛珍珠色的金属，熔点低，有良好的伸展性。明清时期，随着民间锡器的普及，锡器与人们生活已经息息相关，当时经锡匠高手制作出各类日用生活必需品，如锡壶、锡灯、锡罐等。锡圆盖流行于清代，老百姓因家中盖罐的瓷圆盖打碎或丢失，或是有的人只买来无盖的瓷罐，他们通常去锡铺，按瓷罐的器形与口缘尺寸，买一个锡圆盖，或按自己要求打个锡圆盖回来，套扣在瓷罐上口，使残缺品变成完整器物。为何清代锡圆盖普遍用于瓷罐中，数量品种如此多，除了锡器广泛使用，加工方便，价廉物美外，笔者认为它还有两大优点：（1）每个锡圆盖都有内外套口（子母口），内套口扣瓷罐口缘内径，内套口上部口径大，下部口径小，设计制作上有一点斜度，外套口扣瓷罐口缘外径，锡圆盖套住瓷罐后，密闭严实，使存放在盖罐内物品，如茶叶、酒水、中草药等不走气、不受潮、不串异味、又防氧化，是瓷圆盖不能达到效果，（但现在人们在瓷盖中间设计出加一个软木栓，做成子母口瓷盖，效果也很好），明代冯可宾《芥茶笺》云："近有以夹口锡器贮茶者，更燥更密，盖磁坛犹有微透风，不如锡者坚固也"，老百姓喜欢用锡圆盖是实用性强。（2）当时手艺高超的工匠们能打造出各种造型新颖别致锡圆盖，如附图中a/b/c：圆形平顶锡圆盖（大多数）、d/e/f/g：宝珠式钮半圆形锡圆盖（多数）、h/i：宝塔式钮形锡圆盖（少数），还有一些莲花形、葫芦形锡圆盖等。瓷罐端庄与锡圆盖规整配合，使"人头盖罐"造型和谐统一，给人以饱满高雅之感，置于房间一侧，平添一份文化氛围，而且还是一件经济实惠的艺术品，老百姓喜欢用锡圆盖是因其价廉物美观赏性强。后来锡器受冷落，锡圆盖消亡也有两个因素，第一个原因，锡圆盖中含铅，铅如果被人体摄入，导致铅中毒。第二个原因，锡在低于13℃以下时，开始转变为灰锡，使锡圆盖分裂散碎。保存到现在每只老锡圆盖表面都有一层极薄的氧化膜，呈黑褐色或银灰色，锡圆盖根据造型、品相、色泽深沉断代定价位，目前大多数人对它的认识还不深，市场价格还是偏低，锡圆盖收藏属于冷门项。

附：锡盖（a～i）

三、清代金银圆盖

　　金银器制作始于先秦，兴盛于唐代，至明清时期金银器制作已达到高超的水平。黄金与白银都属于稀有的贵金属，具有美丽的光泽，自古以来中国人以它们为财富的象征，而金银圆盖主要在皇宫贵族中使用，代表着身份和地位象征，所以存世量极少，几乎件件是孤品，价值较高。金银圆盖成形以手工钣金为主，使用压延、切削、焊接、雕刻、抛光、鎏金等多种不同工艺，部分器物盖面钮部镶嵌宝石或象牙等名贵材质，每件器物的表面部分隐约可见锤子敲打和用凿子凿成的斑斑点点，极为细小的痕迹。器物沉重、材质柔软、制作精良、器形完美、装饰华丽、带有富贵之气，纹饰主要为龙凤、蝠鹤、云寿、吉语纹等，象征吉祥长寿。在清三代中用于瓷罐中的金银圆盖是极少数的，一般在名瓷如斗彩小瓷罐缺盖后，加配一只金或银的小圆盖(见附图f)，或外销瓷罐中由于盖罐当陈设器物摆放，以显示出富丽堂皇的华贵之气，象征所拥有者的地位，所以在罐口缘上镶金银套，再配上金银圆盖(见附图g)。以下介绍的清代金银圆盖大部分用在宫廷中金银罐上，如附图中a：珠宝式钮半圆形"福寿"纹银圆盖；b：珠宝式钮半圆形"寿"纹鎏金银圆盖；c：宝石珠式钮半圆形"云寿"纹金圆盖；d：宝玉珠式钮半圆形"金扬润玉福光"纹金圆盖；e：人物形钮金属圆盖；f：直壁平顶银圆盖；g：菊纹钮半圆形银套加圆盖等。金圆盖不易氧化，耐腐蚀，金光闪闪等特点；银圆盖表面层易氧化，泛黑色包浆，白光闪闪等特征；鎏金银圆盖耐腐蚀，但鎏金部分容易脱落，黄色光泽等特征。清代黄金中的银、铜、铁含量偏多，如果含银越多颜色越淡；如果含铜多则呈淡黄色，且稍微发绿，若入土时间偏长则会呈栗黄色；如果含铁偏多者，一般呈玫瑰红色；古玩商大多依据"七青、八黄、九五赤"的口诀来识别金器的成色。金银圆盖的价值应从材质、重量、年代、完整性、工艺精美度等多方位评价而定，它们是所有金属圆盖中的珍品。

a

附：金银圆盖（a～g）：故宫博物院藏（a～d）

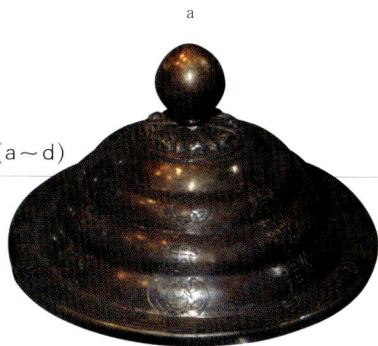

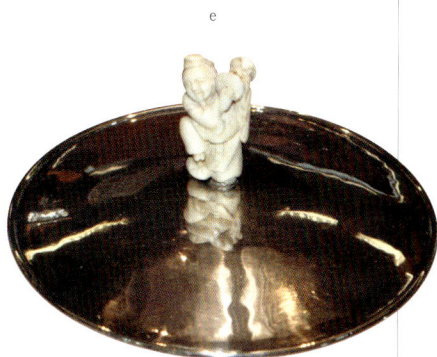

b

e

f

g

d

c

四、清代红木圆盖

　　清代人们用红木等硬木材制作成木圆盖，套扣在瓷罐中，使盖罐整体和谐饱满，典雅高贵。红木圆盖的优点在于加工方便、实用美观，但它的缺陷在密封性差，因自身重量轻易晃动等，红木有紫檀、黄檀、崖豆及铁刀木属，种类有紫檀木、花梨木、黑酸枝木、红酸枝木、乌木、条纹乌木、鸡翅木、香枝木等，同时是指木料的心材，红木为热带地区豆科檀属木材，主要产于印度、东南亚、我国广东、云南等地，是常见的名贵硬木，木质坚硬，纹理细腻，耐腐耐久性强，给人一种淳厚的含蓄之美。制作方法：按盖罐器形，口缘外径尺寸，设计绘画出器物形体，选用红木材，用工具靠手工加工出各种类型的木圆盖，有的在木圆盖上雕刻纹饰，还有用雕玉石做盖面上的钮部等，如附图中：a. 半圆形平顶木圆盖、b. 宝珠式钮半圆形木圆盖、c/d. 宝玉珠式钮半圆形木圆盖、e. 宝珠式钮半圆形镂空缠枝莲纹木圆盖、f. 直壁平顶木圆盖、g. 直壁镂空缠枝夔龙纹木圆盖等，最后将木圆盖上清漆等，晾干完成，使制作后木圆盖古色古香，给人以清雅古朴之感。套扣在瓷罐中还有其它的材料制作出盖，如软木塞盖、沙包盖、泥石盖等，这里就不再介绍了。

a

附：木圆盖（a～g）

b

c

f

d

g

e

图书在版编目（C I P）数据

清三代青花盖罐 ／ 陶仕安著 . —2 版 —杭州：浙江大学
出版社，2008.11
ISBN 978-7-308-04299-4

Ⅰ.清... Ⅱ.陶... Ⅲ.青花瓷（考古）－鉴赏－中国－
清代　Ⅳ. K876.3

中国版本图书馆 CIP 数据核字（2008）第 181664 号

清三代青花盖罐　陶仕安 著

责任编辑	刘依群	
装帧设计	魏　清	
出版发行	浙江大学出版社	
	（杭州天目山路 148 号　　邮政编码　310028）	
	（E-mail:zupress@mail.hz.zj.cn）	
	（网址：http://www.zjupress.com	
	http://www.press.zju.edu.cn）	
排　　版	杭州开源数码设备有限公司	
印　　刷	杭州海虹彩色印务有限公司	
开　　本	787mm × 1092mm　1/16	
印　　张	14.5	
字　　数	290 千	
版 印 次	2008 年 12 月第 2 版第 1 次印刷	
书　　号	ISBN 978-7-308-04299-4	
定　　价	68.00 元	